With kind regards,

KÖPFE DES XX · JAHRHUNDERTS

Rudolf Koester *Joseph Roth*

COLLOQUIUM VERLAG BERLIN

KÖPFE DES XX · JAHRHUNDERTS
BAND 96

Eine Aufstellung aller bisher
in dieser Reihe erschienenen Biographien
finden Sie auf der letzten Seite
dieses Bandes.

CIP-Kurztitelaufnahme der Deutschen Bibliothek

Koester, Rudolf:
Joseph Roth / Rudolf Koester. – Berlin:
Colloquium-Verlag, 1982.
  (Köpfe des XX. [zwanzigsten] Jahrhunderts;
  Bd. 96)
  ISBN 3-7678-0564-2

NE: GT

© 1982 Colloquium Verlag Otto H. Hess, Berlin
Satz: Gleißberg & Wittstock
Druck: Color-Druck, Berlin
Einband: Schöneberger Buchbinderei, Berlin
Schrift: Garamont
Foto: Westdeutscher Rundfunk
Das Faksimile des Manuskriptausschnitts auf Seite 77 geben wir
mit freundlicher Genehmigung des Verlages Kiepenheuer &
Witsch wieder. Das Manuskript befindet sich im Besitz der Deut-
schen Bibliothek, Sammlung Exilliteratur.
Printed in Germany

Wiege Galizien (1894-1913)

Als Siebenunddreißigjähriger beschrieb Roth unter dem charakteristischen Titel „Wiege" das früheste Kindheitserlebnis, an das er sich noch erinnern konnte. Es handelt sich um eine Reminiszenz aus dem dritten Lebensjahr, als die Mutter vor den Augen des machtlos-wehmütig gestimmten Kindes seine Wiege in fremde Hände gab. Daß Roth in diesem Ereignis schon damals eine „Beraubung", einen unwiederbringlichen Verlust sah, ist für Wesen und Werk des später Hilf- und Heimatlosen bedeutend bzw. vorausdeutend.

Die Wiege des Dichters stand am östlichen Rande des einstigen österreichisch-ungarischen Kaiserreiches, im ehemaligen Kronland Galizien. Geboren wurde Moses (Muniu) Joseph Roth am 2. September 1894 als einziger Sohn jüdischer Eltern in der ostgalizischen Stadt Brody, circa 90 Kilometer nordöstlich von der Provinzhauptstadt Lemberg (später: Lwów). Diese Landschaft, unweit der russischen Grenze, hinterließ mit ihrem ethnisch und topographisch eigenartigen Gepräge einen nachhaltigen Eindruck auf Phantasie und Gemüt des Knaben. In einer dünnbesiedelten, windigen Ebene lag Brody, die Heimatstadt, umgeben von Wäldern und Sümpfen mit Störchen und quakenden Fröschen. Die örtliche Atmosphäre hat später in seinem Werk – zum Beispiel im *Radetzkymarsch* (1932) und in der Beschreibung des typisch ostjüdischen Städtchens in *Juden auf Wanderschaft* (1927) – ihren literarischen Niederschlag gefunden. Brody hatte damals – trotz seiner abseitigen geographischen Lage – eine gewisse Bedeutung, nicht nur als Sitz einer Bezirkshauptmannschaft, sondern auch als Handelsstadt im galizischen Raum und als Umschlagplatz für den österreichisch-russischen Warenverkehr. In diesem Grenzgebiet, das erst durch die Teilung Polens (1772) der habsburgischen Monarchie zugefallen war, hatte sich im Laufe der Zeit eine multinationale Mischkultur entwickelt. Auf den Straßen von Brody hörte man Deutsch, Polnisch, Ukrainisch, Jiddisch und manchmal auch Russisch; denn die heterogene Bevölkerung bestand aus österreichischen Soldaten, Polen, Ruthenen (wie man die in Österreich-Ungarn ansässigen Ukrainer nannte), Deutschen (meist Nachkommen schwäbischer Einwanderer) und Juden, die mehr als zwei Drittel der Einwohnerschaft ausmachten. Diese galizische Welt, in der Roth seine von der Mutter sorgsam behütete Kindheit verbrachte, atmete Enge und Weite, Geborgenheit und Gefahr zugleich.

Ungewöhnlich wie die Umgebung, in der Roth aufwuchs, waren auch die Familienverhältnisse, über die der Schriftsteller, wenn er sich später als Erwachsener dazu äußerte, in einer Mischung von Dichtung und Wahrheit berichtet hat. Die Eltern, Nachum und Maria (Miriam) Roth, geb. Grübel, wurden, soweit feststellbar, 1892 von einem Rabbiner in der Brodyer Synagoge getraut. Über seinen Vater, den Joseph Roth nie kennenlernte und dessen Abwesenheit sein Denken und schriftstellerisches Schaffen wiederholt beschäftigte, ist verhältnismäßig wenig zu ermitteln. Er soll in Westgalizien unter Chassidim aufgewachsen sein. Bei der Familie Grübel wurde er als Getreideeinkäufer für eine Hamburger Exportfirma eingeführt. Als sich 1893 geschäftliche Schwierigkeiten für ihn einstellten, begab sich der junge Ehemann auf eine Deutschlandreise, die zunächst nach Kattowitz (Schlesien) führte. Bis dorthin begleitete ihn Maria Roth; die Weiterfahrt nach Hamburg erfolgte dann jedoch ohne sie. Auf der Rückreise, zwischen Hamburg und Berlin, wurde Nachum Roth wegen seines absonderlichen Betragens aus dem Zuge entfernt und in eine Irrenanstalt gebracht. Danach übernahmen Verwandte in Rzeszów (Galizien) eine Zeitlang die Sorge für den Geistesgestörten, der schließlich bei einem Wunderrabbi in Russisch-Polen Aufnahme fand. Dort soll er 1910 in geistiger Umnachtung gestorben sein, ohne je von der Existenz seines Sohnes erfahren zu haben. Maria Roth, die nach dem Abschied in Kattowitz den Kontakt mit ihrem Mann nicht wieder aufnahm, kehrte zu ihrem Vater nach Brody zurück. Hier kam ihr Sohn im Folgejahr zur Welt; hier wuchs er unter mütterlicher (und großväterlicher) Obhut heran.

Der Großvater, Jechiel Grübel, ein bärtiger, orthodoxer Jude, hatte sich ursprünglich als Tuchhändler in der Stadt niedergelassen. Seine Frau, die die Geburt ihres Jüngsten nicht überlebte, gebar ihm sieben Kinder: Rebekka (Riwke und Rieke genannt), Maria (die Mutter des Schriftstellers), Sigmund, Heinrich, Norbert, Salomon und Willy. Die fünf Brüder seiner Mutter, die Roth mit der Zeit alle kennenlernte, verließen Brody in jungen Jahren. Sigmund, der älteste, der als Hopfenhändler in Lemberg zu Reichtum kam, wurde nach dem Tode Jechiel Grübels (im Jahre 1907) Roths Vormund und trug finanziell zum Lebensunterhalt seiner Schwester und seines Mündels bei. Der empfindsame Neffe, der sich durch das geldliche Abhängigkeitsverhältnis gedemütigt fühlte, setzte dem Lemberger Onkel später in dem Roman *Hotel Savoy* (1924) ein wenig schmeichelhaftes „Denkmal" in der Gestalt des reichen Onkels Phöbus Böhlaug.

Die Mutter Joseph Roths, eine gebürtige Brodyerin, verbrachte den größten Teil ihres Lebens in Galizien. Verlebte ihr Sohn seine Kindheit ohne Vater, so wuchs sie ohne die frühverstorbene Mutter heran. Seine Jugend widmete das kontaktarme, streng orthodox erzogene Mädchen, dessen Bildungsgang sich auf den Besuch der jüdischen Volksschule beschränkte, der Sorge für die Brüder und den verwitweten Vater, dem sie zusammen mit ihrer älteren Schwester den Haushalt führte. Diese Tätigkeit im väterlichen Hause nahm die junge Frau nach der traumatischen Zerrüttung ihrer Ehe wieder auf. Daß sie ihrem Sohn Muniu, wie der Kleine in der Familie gerufen wurde, die Geisteskrankheit seines Vaters verschwieg, ist leicht verständlich; denn Maria Roths Leben ging ganz in der Fürsorge und Erziehung des einzigen Kindes auf. So soll sie den Knaben in den ersten Jahren täglich auf dem Schulweg begleitet haben. Daß sie trotz ihrer eleganten, imposanten Erscheinung kaum in Gesellschaft verkehrte oder Besuche empfing, wirkte kontakthemmend auf den Sohn, der unter seinen Mitschülern eine Außenseiterstellung einnahm. Durch die ständige Beaufsichtigung und Bevormundung wurde außerdem die von der Mutter ersehnte Gegenliebe des Kindes eher erstickt als geweckt. Maria Roth, die mit einem Übermaß an mütterlicher Liebe und Opferbereitschaft die Abwesenheit ihres Mannes wettzumachen und den Sohn an sich zu binden trachtete, erreichte damit gerade das Gegenteil. Joseph Roth, der an der Mutter ohnehin eine gewisse Feinfühligkeit und Bildung entbehrte, fühlte sich abgeschreckt und mißverstanden. Gleichzeitig aber sammelten sich in ihm deswegen schwere Schuldgefühle an. So blieb das Verhältnis zur Mutter stets ambivalent und problematisch. Hieraus ergab sich für Roth eine psychische Belastung, die seine späteren Beziehungen zu Frauen komplizierte und die mit seiner Anfälligkeit für Depressionen und Alkoholismus in mittelbarem Zusammenhang stehen dürfte.

Neben der Familie hinterließ die Schule einen nachhaltigen Eindruck bei dem Heranwachsenden. Während Jechiel Grübel noch darauf bestanden hatte, daß seine fünf Söhne die orthodoxe Chederschule durchliefen, wurde der Enkel Joseph Roth bereits in die öffentliche Baron-Hirsch-Schule in Brody geschickt. Diese staatlich anerkannte jüdische Gemeindeschule (Volksschule) besuchte der Junge von 1901 bis 1905. Zum Lehrstoff gehörten außer Deutsch, der Unterrichtssprache, Polnisch und Hebräisch. Nach dem Erlernen der hebräischen Grammatik beschäftigten sich die Schüler mit Übersetzungen aus dem Pentateuch. Eng damit verbunden war natürlich der Religionsunterricht, zu dem der gemeinsame Besuch der Synagoge am Sabbat gehörte. Obwohl Roth nicht zu den Frommen in der Gemeinde zählte, erwarb er während seiner galizischen Schulzeit eingehende Kenntnisse jüdischer Bräuche und jüdischen Kulturguts. Dieses Wissen sollte später in Werken wie *Juden auf Wanderschaft* (1927) und *Hiob* (1930) literarische Verarbeitung finden.

Von 1905 bis 1913 besuchte Joseph Roth das k. k. Kronprinz-Rudolf-Gymnasium in Brody, wo die Schülerschaft wiederum vorwiegend aus Juden bestand. Unter ihnen galt der etwas schmächtig aussehende Junge als ein ernster, zurückhaltender, doch ehrgeiziger Schüler. Zwar zeigte er nicht viel Interesse für das Polnische, wohl wegen seines schon damals erwachenden österreichischen Patriotismus (der zugleich zionistische Sympathien ausschloß), und auch die Mathematik wollte ihm nicht behagen. Dagegen fielen ihm die den Schülern im Religionsunterricht aufgegebenen Übersetzungen aus dem Hebräischen, mit dem er sich ja schon in der Gemeindeschule beschäftigt hatte, recht leicht.

Als neue Fremdsprache lernte Roth Lateinisch. Am meisten begeisterte er sich jedoch für das Unterrichtsfach Deutsch und die Literatur. Zu den Lieblingsdichtern des Gymnasiasten zählten Lessing, Goethe (vor allem *Faust*), Schiller (besonders *Wilhelm Tell*), Shakespeare und Hölderlin. Ihm imponierten nicht nur Anmut und Adel ihrer Helden, sondern auch Bild und Klang ihrer Sprache. Zu erwähnen ist in diesem Zusammenhang auch noch Heinrich Heine, mit dessen Wesen und Werk – dieser einzigartigen Mischung aus romantischer Schwärmerei und Spott, aus Sentimentalität und Satire – sich Roth schon früh identifizieren konnte. Der Deutschlehrer am Brodyer Gymnasium Max Landau (einer der wenigen, zu denen sich enge freundschaftliche Beziehungen anbahnten), versuchte, die literarischen Interessen des begabten Schülers zu fördern und zu lenken. In Roth erwachten um diese Zeit erstmals schriftstellerische Ambitionen, und es entstanden die ersten dichterischen Versuche.

Bei den Jugendwerken (aus der Gymnasial- und der Folgezeit) handelt es sich um Erzählungen und Gedichte, von denen nicht wenige im Zweiten Weltkrieg verschollen sind. Ein Teil des noch erhaltenen Frühwerks (vgl. auch *Werke,* III, S. 11 ff.; *Briefe,* S. 24-25; Bronsen, S. 91 ff.; *Roth-Ausstellung,* S. 27 ff.) befindet sich heute im Besitz des Leo-Baeck-Institutes (New York). Diese bisher erfaßten Arbeiten lassen eine gewisse lyrische Begeisterung und erzählerische Imagination erkennen; doch noch bewegte sich Roth auf literarisch traditionellen Pfaden. Bemerkenswert an seinen frühen erzählerischen Versuchen ist seine Vorliebe für das Märchen, die auch in der Gestaltung seiner späteren Romane deutlich wird.

Während seiner Kindheit und Jugend hat Roth Galizien nie verlassen, obgleich sich seine Sehnsucht, die Welt außerhalb der engeren Heimat kennenzulernen, gegen Ende der Gymnasialzeit immer mehr steigerte. In Brody, dessen Menschen und dessen Milieu in einem Zeitalter der Zersetzung die Phantasie des angehenden Dichters nachhaltig prägen sollten, fühlte sich der Schüler damals gelangweilt und unzufrieden. Abwechslung boten zwar gelegentliche Besuche (bzw. Ferienaufenthalte) beim Lemberger Onkel und Vormund Sigmund Grübel, mit dessen Kindern, Resia, Paula und Heini, der junge Joseph Roth in Briefwechsel stand. Die Freundschaft zwischen ihm und der jüngeren der beiden Kusinen, Paula Grübel (die jahrelang die Manuskripte des Vetters sammelte), währte bis zu seinem Tode. Doch eine Aussicht auf dauerhaften Ortswechsel ergab sich erst nach der Matura, die der Achtzehnjährige im Mai 1913 mit Auszeichnung bestand.

Sein nächstes Ziel war die Universität. Zuerst führte der Weg nach Lemberg, an dessen k. k. Universität Roth sich im Herbst 1913 immatrikulierte. Doch scheint er sich hier dem Studium kaum gewidmet zu haben. Weit belangvoller für ihn war seine Bekanntschaft mit Helene de Szajnocha, geb. Baronesse von Schenk, sein erster Kontakt mit einer geistvollen Dame der adligen und kultivierten Welt. Frau von Szajnocha-Schenk, damals eine kränkelnde Neunundvierzigjährige, die in Sigmund Grübels Lemberger Haus (Ulica Hofmana 7) zur Miete wohnte, stammte aus einer vornehmen galizischen Juristenfamilie und war die geschiedene Frau eines Universitätsprofessors. Ihr Krankenzimmer, in dem sie gelegentlich Französischunterricht erteilte, war eine Art literarischer Salon. Die dort angeknüpfte Verbindung des noch nicht Zwanzigjährigen mit der um so vieles älteren verehrten Frau hatte lebenslänglichen Bestand. Doch im Jahre 1913 bildete Lemberg für Roth lediglich eine Durchgangsstation. Da er dort bei dem ihm nicht besonders sympathischen Onkel Sigmund wohnen mußte, fand er an dem Aufenthalt in der Hauptstadt des Kronlandes sehr schnell immer weniger Gefallen und verließ sie noch im selben Jahr, um sich in der Reichshauptstadt niederzulassen. Mit seinem Abschied von Galizien und seiner Immatrikulation an der Wiener Universität (1914) begann für Roth ein neuer Lebensabschnitt.

Studium in Wien
und Militärdienst (1914-1918)

Wien, wo sich einstweilen noch ein kultureller Hoch- bzw. Nachsommer abzeichnete, bedeutete für den allem Schönen gegenüber aufgeschlossenen neunzehnjährigen Neuankömmling aus der Provinz die große Welt – eine Welt des Glanzes, der Tradition, der kultivierten Lebensart, das Ziel seiner Sehnsucht und seiner Träume. Die Schattenseiten der Reichs-, Haupt- und Residenzstadt (z.B. den dort schwelenden und sich immer mehr ausweitenden Antisemitismus) nahm er erst nach dem Abklingen des anfänglichen Begeisterungsrausches wahr. Zunächst bezog Roth als Untermieter ein Zimmer im zweiten Bezirk (Rembrandt Straße 35), in der Nähe des Augartens. Nach Ausbruch des Krieges im Sommer 1914 verließ Maria Roth die durch einen russischen Einmarsch bedrohte galizische Heimat, um sich bei ihrem Sohn in Wien einzuquartieren. Joseph Roth, der inzwischen umgezogen war, wohnte jetzt etwas weiter nordwestlich in einem Arbeiterviertel im zwanzigsten Bezirk. Seine neue Adresse lautete: Wallensteinstraße 14/16, III. Stiege. In diese Wohnung (an der Ecke der Klosterneuburger Straße) zog nun nicht nur die Mutter, sondern bald auch ihre Schwester Rebekka, Roths Tante Ricke.

Das in Lemberg abgebrochene Studium wurde im Sommer 1914 an der k. k. Universität Wien wiederaufgenommen. Hier verbrachte Roth nun fünf Semester als Student der Germanistik. Obwohl er nebenher auch Vorlesungen über Ethik, Kunstgeschichte, Psychologie u.a. hörte, lag das

Schwergewicht seiner Studien auf dem Hauptfach. Das Vorlesungsverzeichnis enthielt ein reichhaltiges germanistisches Angebot. Zu Beginn belegte er bei Eduard Castle „Goethes Seelendramen", bei Max H. Jellinek „Proseminar für deutsche Philologie: Alt- und mittelhochdeutsche Übungen", bei Robert F. Arnold „Deutsches Proseminar, moderne Abteilung", und bei Walther Brecht „Geschichte der deutschen Literatur von Goethes Tod bis in die Gegenwart". Später lernte er noch den prominenten Gelehrten Carl von Kraus kennen, bei dem er Vorlesungen über die „Geschichte der deutschen Literatur von der Mitte des 13. Jahrhunderts bis zum Ausgang des Mittelalters" besuchte. Doch das lebhafteste Interesse brachte er von Anfang an Walther Brecht entgegen, bei dem er zwischen 1914 und 1916 insgesamt zehn Vorlesungen (bzw. Seminare) belegte.

Auf der Universität kam er auch mit Heinz Kindermann und Józef Wittlin in Berührung. Kindermann, später ein Anhänger des Nationalsozialismus und zuletzt Professor für Theaterwissenschaft in Wien, war damals Brechts Assistent. Der junge Akademiker muß bei Roth nachwirkendes Unbehagen hervorgerufen haben; denn der Name des Assistenten taucht nach nahezu zwei Jahrzehnten im *Radetzkymarsch* (1932) wieder auf, wo ein Leutnant Kindermann als „ein heiteres Nichts" von reichsdeutscher Abkunft und fragwürdiger Männlichkeit karikiert wird. Schon 1916 soll Roth in der Erzählung „Der Vorzugsschüler" mit dem Portrait eines verbissenen Strebers aus kleinstädtischen Verhältnissen (Anton Wanzl) eine Karikatur Heinz Kindermanns geliefert haben. Das behauptete jedenfalls Józef Wittlin, der namhafte polnische Expressionist und Übersetzer, der als Student an der Wiener Universität Roth erstmals im Jahre 1915 begegnete. Damit begann eine fast fünfundzwanzigjährige Freundschaft zwischen den beiden jüdisch-galizischen Autoren. Nach Wittlins Erinnerung glich Roth in seiner Studienzeit einem Wiener Dandy aus Beamtenkreisen. Obgleich abgemagert und unbemittelt, legte er offensichtlich großen Wert auf seine äußere Erscheinung. Eine frisch gebügelte Hosenfalte, so schrieb er einmal an eine Verwandte, sei sein Heiligtum. Auf die Kommilitonen soll der junge Roth, der damals, laut Wittlin, oft ein Monokel trug, einen leicht arroganten Eindruck gemacht haben.

Mit einundzwanzig Jahren konnte er sich der ersten Veröffentlichungen rühmen. 1915 druckte *Österreichs Illustrierte Zeitung* die beiden Gedichte „Welträtsel" und „Herbst" sowie die Prosaskizzen „Herbstwindes Kriegsgeschichten" ab. In den Folgejahren erschienen im gleichen Blatt „Über die Satire – Eine Plauderei" (1916), das Gedicht „Wo?" (1916), „Die Geschichte vom jungen Musikanten und der schönen Prinzessin" (1916), die Novelle „Der Vorzugsschüler" (1916), das Gedicht „Der Abendgang" (1917) und die Erzählung „Barbara" (1918). Außerdem veröffentlichte Roth in den beiden letzten Kriegsjahren im *Prager Tagblatt* die Gedichte „Christus" (1917), „Bruder Mensch" (1917), „Soldaten" (1918), „Frühling" (1918) und „Nervenchok" (1918). (Abdruck z. T. in Sültemeyer, S. 156 ff.; Bronsen, S. 144 ff.; *Roth-Ausstellung*, S. 51 ff.) In den Weltkriegsjahren stand die Lyrik noch im Vordergrund seiner schöpferischen Tätigkeit. Während einige der oben genannten Gedichte von einer neuromantischen oder impressionistischen Stimmung getragen werden, zeigen andere (zumal die vom Kriegserlebnis geprägten) Verse eine expressionistische Tönung. Die literarisch verheißungsvollsten Ansätze dieses Zeitraums sind jedoch in seiner Prosa, in der Erzählung „Der Vorzugsschüler", zu suchen.

1916 brach Roth sein Universitätsstudium ab und meldete

sich gemeinsam mit seinem Freund Wittlin freiwillig zum Militärdienst. Aus ihnen selbst nicht ganz klaren Gründen überwanden die beiden eine bislang recht heftige Abneigung gegen Waffengewalt und Militär. Dabei spielte, laut Wittlin, ihre „ungesunde" literarische Neugier eine Rolle, die Überzeugung, daß man als Dichter im Kriege nur an der Front Leben und Tod richtig kennenlernen könne. Roths Musterung erfolgte am 31. Mai 1916 in Wien, und am 28. August rückte er in die dortige Einjährigen-Schule des 21. Feldjäger-Bataillons ein. Noch im selben Jahr, am 21. November, starb hochbetagt Franz Joseph I. Der Tod des vorletzten österreichischen Kaisers und seine Beisetzung in der Kapuzinergruft, bei der Roth als Soldat der Hauptstadtgarnison Spalier stand, hinterließen unauslöschliche Eindrücke in der Phantasie des angehenden Schriftstellers. Wien verließ Roth erst im Frühjahr 1917, als er nach Galizien beordert wurde. Dort fand er eine Zeitlang im Raume Lemberg, im Bereich der 32. Infanterietruppendivision, im Pressedienst Verwendung. Seinen Feldpostbriefen, die an seinem Kriegsdienst die Intensität des Erlebens hervorheben, zufolge befand er sich im August 1917 „in galizischen Sümpfen", zehn Kilometer hinter der vordersten Front. Seine spätere Behauptung, er sei zuletzt an der Ostfront in russische Kriegsgefangenschaft geraten, kann nicht belegt werden. Hier dürfte es sich – ebenso wie bei dem Offiziersrang, den er sich nachmals zugelegt hat – um ein Erzeugnis seiner Phantasie handeln. Als Roth kurz nach Kriegsende, Mitte Dezember 1918, nach Wien zurückkehrte, waren die glanzvollen Träume und Pläne des ehemaligen Studenten mit dem Untergang der Donaumonarchie zerronnen.

Journalist in Wien und Berlin (1919-1923)

Für einen mittellosen Heimkehrer ohne abgeschlossene Berufsausbildung wie Roth war die Lage im Nachkriegswien zunächst äußerst ungünstig. An eine Wiederaufnahme seines Studiums war nicht zu denken. Da seine Mutter, die sich als Flüchtling in der großen Hauptstadt stets fremd gefühlt hatte, bereits nach Galizien zurückgekehrt war, beschloß Roth, ihr nachzureisen. Brody konnte er nur auf Umwegen erreichen; denn das Heimatgebiet war erneut Schauplatz heftiger Kämpfe zwischen ukrainischen und polnischen Truppen, die zu dieser Zeit im galizischen Raum um die Vorherrschaft rangen. Nach kurzem Aufenthalt bei der Mutter begab er sich rasch auf den Rückweg nach Wien. Zweimal soll ihm eine Einreihung in die Armee der kurz zuvor ausgerufenen Westukrainischen Republik gedroht haben. Auch diesmal mußte er weite, zeitraubende Umwege, und zwar über Ungarn, einschlagen. Einige auf dieser abenteuerlichen Flucht gesammelte Erfahrungen sind später mutatis mutandis in den Roman *Die Flucht ohne Ende* (1927) eingegangen. Wien erreichte Roth erst gegen Ende März 1919.

Seine erste feste Anstellung nach dem Krieg fand er im April 1919 bei der Wiener Tageszeitung *Der Neue Tag,* einer ambitionierten Neugründung des Publizisten Benno Karpeles, der sich vorher als Herausgeber und Chefredakteur der Wochenschrift *Der Friede* einen Namen gemacht hatte. Das neue Blatt war zwar am Sozialismus orientiert, blieb aber parteipolitisch ungebunden und stand jeglichem politischen Fanatismus fern. Der damals im Journalismus noch völlig unbekannte Roth gelangte durch seine Tätigkeit für diese Zeitung nun in einen Kreis von renommierten Mitarbeitern, wie Rudolf Olden, Karl Tschuppik, Egon Erwin Kisch und Alfred Polgar. Unter ihnen gedieh sein Talent. Als stilistisches Vorbild diente ihm Polgar, von dem Roth, wie er später beteuerte, die „sprachliche Behutsamkeit" lernte.

Ab 1919 bestimmten Feuilletons, Glossen und Berichte mehrere Jahre lang seine schriftstellerische Tätigkeit. In dem Zeitraum von April 1919 bis April 1920 lieferte Roth dem *Neuen Tag* – häufig unter dem Pseudonym „Josephus" – weit über hundert Beiträge, deren Themenbereich eine bunte Vielfalt aufweist. Sein erster Artikel, „Die Insel der Unseligen" (20. IV. 1919), berichtet über den „Steinhof", die Wiener Anstalt für Geistes- und Nervenkranke, wo dann in den dreißiger Jahren – eine Ironie des Schicksals – Roths geistesgestörte Frau eine Zeitlang untergebracht war. Als Anfänger schrieb er nicht selten Lokalreportagen für die Spalte „Wiener Symptome". Eine große Anzahl seiner prägnanten, oft lyrisch-ironischen Schilderungen beschäftigt sich mit den Auswirkungen der Nachkriegsverhältnisse auf das Wiener Alltagsleben, besonders mit den Sorgen und Nöten der kleinen Leute. Auch die Heimkehrer-Thematik, die in seinen Romanen aus den zwanziger Jahren eine so bedeutende Rolle spielt, wird in diesen Zeitungsartikeln erstmals angeschnitten. Kennzeichnend für seine Feuilletons ist ferner eine zunehmend sozialkritische Einstellung. Zu nennen in diesem Zusammenhang wären beispielsweise „Der neue Hofpark" (12.X.1919), „Hausse und Baisse" (7.XII.1919), „Das Antlitz der Zeit" (1. I. 1920), „Die Bar des Volkes" (6. I. 1920), „Teisinger" (21. I. 1920), „Die reaktionä-

ren Akademiker" (1. II. 1920) und „„Versuchsklassen'"
(21. III. 1920). (Abdruck in Sültemeyer und *Der Neue Tag*.)
Seine Angriffe richten sich gegen den Klerikalismus, gegen
den völkischen Nationalismus, gegen Ausbeutung in jeder
Form. Auch der Monarchismus, zu dem sich der Autor später im Exil bekannte, erregt in der Wiener Zeit tiefe Abneigung. Roth war damals linksorientiert und zeigte sich für
sozialistische Gedanken empfänglich; doch blieb er jeder
Theorie abhold. Angesichts des Nachkriegselends stand
sein Sozialismus mehr im Zeichen des Mitleids. In den Wirren des Umbruchs fiel es einem desillusionierten Heimkehrer auf der Suche nach Ordnung, Humanität und Geborgenheit nicht schwer, sich emotionell mit der sozialistischen
Bewegung zu identifizieren.

Im Sommer 1919 entstand Roths Artikelserie „Reise durchs
Heanzenland", eine Reihe von Berichten aus Deutsch-West-
ungarn (heute: Burgenland). In diesem Gebiet, über dessen
Zugehörigkeit zu Ungarn oder Österreich eine Volks-
abstimmung entscheiden sollte, herrschte während der
Übergangszeit besondere Spannung. Roth bewährte sich
hier erstmals im Auftrage seiner Zeitung als Reisebericht-
erstatter, eine Tätigkeit, die er einige Jahre später als arrivier-
ter Journalist in großem Stil fortsetzte.

Im Herbst 1919 lernte Roth in Wien die neunzehnjährige
Friederike (Friedl) Reichler, seine zukünftige Frau, kennen.
Es ist bezeichnend, daß die erste Begegnung im Café Herrenhof, seinem Stammlokal in der Herrengasse, stattgefunden
haben soll; denn als junger Reporter verbrachte er viel Zeit
in Kaffeehäusern, eine Gewohnheit, die er fortan auch an
ausländischen Aufenthaltsorten beibehielt. Das Mädchen,
eine Jüdin, war gebürtige Wienerin; doch die Eltern stamm-
ten wie Roth selbst aus Galizien. Die Familie lebte in be-
scheidenen Verhältnissen in der Leopoldstadt, dem Wiener

Bezirk mit dem größten jüdischen Bevölkerungsanteil. Friederike, die älteste von drei Schwestern, war damals schon verlobt, und zwar mit dem Journalisten Hanns Margulies. Auf Roth, dessen Werben um Friederike die Lösung dieses Verlöbnisses zur Folge hatte, wirkte das schlanke, reizvolle Mädchen mit dem feingeschnittenen Gesicht und den dunklen Augen faszinierend. Friedl hat später in dem Roman *Hiob* (1930) die Gestaltung von Mendel Singers Tochter, der „jungen Gazelle", deutlich beeinflußt.

Am 25. April 1920 erschien „Fenster", Roths letzter Beitrag im *Neuen Tag*. Fünf Tage danach mußte die Zeitung aus finanziellen Gründen ihr Erscheinen einstellen. Da Roths Arbeitssuche in Wien ergebnislos verlief, beschloß er nach einigen Wochen zusammen mit Stefan Fingal, einem befreundeten, ebenfalls stellungslosen Journalisten, nach Berlin zu fahren. Bei der Übersiedlung in die deutsche Hauptstadt – im Juni 1920 – sollen, laut einer zehn Jahre später abgefaßten Erklärung, noch andere Gründe mitgespielt haben. Roth spricht da von der Liebe zu einer verheirateten Frau und von der Furcht, seine Freiheit zu verlieren. Ob diese Begründung nun wahr, teilweise wahr oder frei erfunden ist, läßt sich nicht mehr genau ermitteln. Seine autobiographischen Aussagen vermengen häufig Phantasie und Wirklichkeit. Tatsache ist, daß er nach seiner Ankunft in Berlin, wo es mehr als ein Dutzend Tageszeitungen gab, auf neue Erfolge als Journalist nicht lange hat warten müssen. Schon am 30. Juni 1920 erschien sein Artikel „Chiromanten", der erste von über hundertfünfzig (zumeist noch nicht nachgedruckten) Beiträgen, die er bis 1926 – zuletzt allerdings in immer größeren Zeitabständen – an die *Neue Berliner Zeitung – 12-Uhr-Blatt* lieferte. Zu Beginn der Berliner Jahre schrieb er außerdem für die *Freie Deutsche Bühne* und für das *Berliner Tageblatt.* Seine journalistische Laufbahn nahm einen entscheidenden Aufschwung, als er Anfang 1921 fester Mitarbeiter beim *Berliner Börsen-Courier,* einer der angesehensten Zeitungen während der Weimarer Republik, wurde. In diesem bürgerlich-liberalen Wirtschaftsblatt, wo Emil Faktor (Redakteur), Herbert Ihering (Theaterkritiker) u.a. für ein hohes literarisches Niveau sorgten, erschienen nun Roths Arbeiten bis April 1923 (ab Sommer 1922 jedoch nur noch vereinzelt).

1922 vollzog sich eine weitere Wandlung in seinem Berufs- und Privatleben. Es war das Todesjahr seiner Mutter; sie starb nach einer Krebsoperation in Lemberg. Es war aber auch das Jahr seiner Trauung und das Jahr seiner Trennung vom *Berliner Börsen-Courier.* Von Deutschland aus hatte Roth den Kontakt mit Friedl Reichler durch Briefe und gelegentliche Besuche in Wien aufrechterhalten. Als er erfuhr, daß sich das Mädchen auf Druck der Eltern wieder mit Hanns Margulies verlobt hatte, machte er sich kurzerhand auf den Weg nach Österreich. Am 2. März 1922 kam er in Wien an. Am 5. März wurden Joseph Roth und Friederike Reichler von dem Rabbiner Dr. Funk im Wiener Pazmanitentempel getraut. Nach der Hochzeit reiste das junge Ehepaar zunächst nach Lemberg, wo Friedl der Verwandtschaft und Frau von Szajnocha vorgestellt wurde. Danach sollen sich die Neuvermählten noch einige Zeit in Wien aufgehalten haben. Als die beiden dann schließlich in Berlin ankamen, fanden sie zunächst Unterkunft in der Charlottenburger Mommsenstraße bei Alfred Beierle, einem Schauspieler und Rezitator, mit dem Roth seit Silvester 1920 befreundet war. Kurz darauf mieteten sie eine Wohnung in Berlin-Schöneberg; dort lebten sie bis Mitte 1923. Es war die einzige gemeinsame Wohnung, die das Ehepaar je bezog. Später wohnte man nur noch in Hotels. Zu den Berliner

Freunden zählten neben Beierle noch der linksradikale österreichische Journalist Bruno Frei (d.i. Benedikt Freistadt) und seine Frau, die in der Nachbarschaft wohnten und häufig mit Roth und Friedl in Berührung kamen. Zum offenen Bruch mit dem *Berliner Börsen-Courier* kam es im September 1922. Als Ursache der Kündigung wurden private und politische Gründe geltend gemacht. Roth glaubte, die Unwirtlichkeit des Betriebsklimas bei der Zeitung beanstanden zu müssen. In seiner Überempfindlichkeit behauptete er, ihm sei von seiten des Redakteurs nur überhebliche Behandlung, aber keine gebührende Anerkennung für seine Arbeit zuteil geworden. Außerdem könne er nicht weiterhin die Rücksichten auf ein bürgerliches Publikum teilen und dessen Sonntagsplauderer bleiben, wolle er nicht täglich seinen Sozialismus leugnen. Diese Äußerung läßt zwar ein erstarkendes politisches Engagement erkennen, muß aber mit gewissen Einschränkungen aufgenommen werden. Auch der in der deutschen Hauptstadt debütierende „rote Roth", der ab 1922 seine sozialistisch ausgerichtete Politisierung – die 1924 ihren Höhepunkt erreichte – eindeutig in den Vordergrund seiner publizistischen Tätigkeit rückte, blieb trotz alledem in seiner Berliner Zeit politisch ambivalent. Lassen manche Artikel für die *Neue Berliner Zeitung – 12-Uhr-Blatt* auf eine Fortsetzung seiner in Wien entfalteten sozialkritischen Tendenz schließen, so sind die Beiträge im *Berliner Börsen-Courier* im wesentlichen unpolitischer Natur.

Ebenso wie die Wiener Feuilletons zeichnen sich Roths Berliner Beiträge durch Buntheit und Vielfalt aus. So berichtete er beispielsweise in „Abende" (27. IV. 1921) über das mannigfaltige Angebot von Vorlesungen in der Stadt, wo man den indischen Dichter „Rabindranath Tagore" (3. VI. 1921) oder einen Vortrag über jiddische „Kunst im Getto"

(14. VII. 1921) hören konnte. Den Beitrag „*Der G'wissens-wurm*" (21. VII. 1921) verfaßte Roth anläßlich einer Theater-aufführung dieses Anzengruberschen Stücks, während „Nacktheit" (4. IX. 1921), „Epilog zum *Reigen*-Prozeß" (16. XI. 1921), „Sieg der Vernunft" (18. XI. 1921), „Der Musterknabe" (18. XII. 1921), „Persönlichkeitsrecht" (30. VII. 1922) und „Die Frauen Nebbe und Klein" (17. III. 1923) durch Gerichtsverfahren angeregt wurden. Wie viele Feuilletonisten gehörte Roth zu den Stadtmen-schen; mehr als Natur und Landschaft interessierten ihn das eigentümliche Leben und Treiben, das Abenteuer der Stadt. Nicht selten verrät die höchst individuelle Perspektive einer Schilderung die Schule Alfred Polgars. Zu erkennen ist aber auch der Einfluß Peter Altenbergs, dessen Roth um diese Zeit in der Buchbesprechung „Ein Denkmal" (14. III. 1922) gedachte. Es ist beachtenswert, daß viele seiner Berliner Arbeiten weiterhin in der Tradition des Wiener Feuilletons stehen. Roth veröffentlichte sogar eine Art Rechtfertigung der Gattung unter dem Titel „Feuilleton" (24. VII. 1921). Der Aufsatz verteidigt u. a. Heines Handhabung dieses als bürgerlich geltenden Genres mit dem charakteristischen Satz: „Wenn das ‚bürgerlich' ist, so ist ‚bürgerlich' sehr ethisch. Dann lebe das Bürgertum!" Eine derartige Aussage ist schwerlich mit dem Bild des „roten Roth", des kämpferi-schen Sozialisten, zu vereinbaren. Aufschlußreich ist in diesem Zusammenhang auch die Einleitung des Reise-berichts „Oberschlesien" (29. V. 1921), wo es heißt: „Jedes Ereignis von Weltgeschichtsqualität muß ich auf das Per-sönliche reduzieren, um seine Größe zu fühlen …" Diese Betonung des persönlich-menschlichen Maßstabes deckt sich mit einer Beobachtung in „Spaziergang" (24. V. 1921): „Nur die Kleinigkeiten des Lebens sind wichtig. Was küm-mert mich, den Spaziergänger … die große Tragödie der

Weltgeschichte ...? ... Das Diminutiv der Teile ist eindrucksvoller als die Monumentalität des Ganzen." Die Perspektive des Spaziergängers, die hier mit einem biedermeiernahen Bekenntnis zum Kleinen verknüpft wird, kennzeichnet eher den konservativen Bürger als den fortschrittsgläubigen Sozialisten. Vom „grobkarierten Fortschritt", wie Roth ihn einmal nannte, hielt er ohnehin nicht viel.

Diese Darlegungen sollen nun keineswegs die sozialistischen Züge in Roths Wesen und Werk bagatellisieren oder verwischen. Als er seine journalistischen Arbeiten ab Juli 1922 – zwei Jahre lang – auch im *Vorwärts*, dem Organ der Sozialdemokratischen Partei Deutschlands, erscheinen ließ, identifizierte er sich bis zu einem gewissen Grade mit den politischen Zielen dieses Blattes. Dennoch ist sein Abfall vom *Berliner Börsen-Courier* nicht einseitig als Totallossagung vom „bürgerlichen Journalismus" aufzufassen. Er bewahrte sich den Subjektivismus des Feuilletonisten. Auch beim *Vorwärts,* wo er des öfteren für das Proletariat Partei ergriff und zuweilen Artikel unter dem Pseudonym „der rote Joseph" veröffentlichte, war er kein Parteipublizist. Es ist anzunehmen, daß die in den frühen zwanziger Jahren bereits nachweisbare konservative Haltung unterschwellig weiterwirkte und weiterwuchs.

Im *Vorwärts* richtete Roth zunächst seinen Spott gegen die reaktionären Elemente im Lande. Sein erster Beitrag, „Der Prinz" (8. VII. 1922), eine Stilparodie der Illustriertenreportage, beschreibt mit ironischer Anteilnahme die „entbehrungsreichen" Lebensumstände eines deutschen Prinzen in der Nachkriegszeit. Zwar muß sich „der Arme" in seiner abgeschiedenen Villa mit einem einzigen Reitpferd und nur einem Auto begnügen; aber wenigstens braucht er nicht ganz auf die von ihm beanspruchte „Untertanendemut" zu verzichten. Ähnlich angelegt ist der zweite Beitrag, „Der

Herr Offizier" (15. VII. 1922). Hier gilt der Hohn einem republikfeindlichen Vertreter des Offizierskorps, der nur im Kasino Schutz „vor den Schallwellen der Gegenwart" findet. Über die Borniertheit der völkischen Deutschtümelei mokiert sich Roth in „Völkische Studenten und völkisches Deutsch" (25. VII. 1922) und in „Nationalismus im Abort" (9. XII. 1922). Mit den aggressiv-satirischen Feuilletons „Sonntagsreiter" (2. VIII. 1922) und „Der gut angezogene Herr" (20. IX. 1922) entlarvt er Vertreter des kapitalistischen Establishments, deren Vergnügungen wiederum in der Lesebuchparodie „Die Freuden des Winters" (30. XII. 1922) bloßgelegt werden. Schon der Auftakt verrät die satirische Note dieses Aufsatzes: „Der Winter ist eine lustige Jahreszeit. Er ist die Saison der Feste und Freuden, des Hungers und der Kälte, der Bestialität und der Barmherzigkeit. Diese Jahreszeit hat alle Eigentümlichkeiten einer kapitalistischen Institution."

Die Ausgebeuteten dieser Gesellschaft – Kutscher, Portier, Dienstmann – finden in dem Feuilleton „Die Abseits-Menschen" (7. I. 1923) eine für den damaligen Roth charakteristische Darstellung. Besonders deutlich wird hier die Deklassierung des Dienstpersonals, das für die Oberschicht lediglich berufliche Funktionen ausübt, aber kaum menschliche Eigenschaften besitzt. So ist in dieser expressionismusnahen Wiedergabe der Kutscher nichts weiter als ein Bestandteil der Droschke. Wenn der Portier grüßt, antwortet ihm niemand – so, als wäre er ein Grammophon oder ein Automat. Der Dienstmann, der, gegen eine Wand gedrückt, auf einem Schemel hockt, wird gleichsam eine rot- und dunkelangestrichene Verzierung, eine verkleidete Freske. Roths Kritik zielt hier auf die Verdinglichung menschlicher Beziehungen, auf die Entfremdung durch Arbeit und auf die gesellschaftliche Minderbewertung der Arbeiterschaft. Eine Figur aus

dem gleichen Bereich greift „Der Mann in der Toilette"
(20. I. 1923) auf. Interessant ist dieses Feuilleton nicht nur
wegen der verwandten Thematik, sondern auch, weil der
Stoff – neu verarbeitet – in das vorletzte Kapitel des Romans
Die Rebellion (1924) eingegangen ist. Ganz eindeutig kommt
seine Sympathie für die Arbeiterbewegung in einem Feuilleton zum 1. Mai 1923 – „Der Feiertag" – zum Ausdruck. An
diesem „unserem Feiertag" erklärt sich Roth solidarisch mit
den „unbekannten Menschen aus den Tiefen", mit der
Unterschicht der Gesellschaft, wenn auch „der offizielle
Gott der bürgerlichen Priester, der Herr der auserwählten
Klassen" und seine Geschöpfe, „die Bürger, die Offiziere ...,
die schwergeprüften Fabrikanten ..., die rückwärts gewen-
deten Regierungs- und Landräte", den Feiertag, an dem die
„Klänge von Übermorgen" ertönen, nicht wahrhaben wollen. (Die oben genannten *Vorwärts*-Beiträge, die großenteils
in der Werkausgabe fehlen, sind nachgedruckt in Sültemeyer und *Der Neue Tag.*)
Als die politisch streitbaren Zeilen zum Maifeiertag 1923 im
Vorwärts standen, hatte Roth, dessen ideologischer Standort
veränderlich blieb, bereits wichtige neue Kontakte mit der
„gemäßigten Presse" angeknüpft. Ab Januar 1923 war er
Berliner Korrespondent der renommierten *Frankfurter Zeitung.* Ab Februar belieferte er außerdem das *Prager Tagblatt,*
wo er schon während des Krieges Gedichte veröffentlicht
hatte. Beiden Zeitungen blieb er – mit Unterbrechungen –
bis zu seiner Emigration verbunden.
Als sich die wirtschaftliche Lage in Deutschland durch die
wachsende Inflation fortwährend verschlechterte, beschloß
Roth, nach Österreich zurückzukehren, wo sich die Wäh-
rung inzwischen etwas stabilisiert hatte. Im Juni 1923 traf er
mit seiner Frau in Wien ein. Bald darauf konnte man in der
Wiener Sonn- und Montags-Zeitung und im *Neuen Acht-Uhr-*

Blatt seine Feuilletons lesen; zum Teil hatte er sie nachmittags an einem Tisch im Café Rebhuhn, einem Journalistentreffpunkt in der Goldschmiedgasse, verfaßt. Abends kehrte er gern in seinem alten Stammlokal, dem Café Herrenhof, ein, wo u.a. auch Hermann Broch und Franz Werfel sowie Kafkas Freundin Milena Jesenská verkehrten.

Von der österreichischen Hauptstadt führte Roths Weg im Spätsommer 1923 nach Prag. Hier lernte er den Chefredakteur des *Prager Tagblattes*, Walter Tschuppik (den Bruder seines Freundes Karl Tschuppik), und den Schriftsteller Johannes Urzidil kennen. Die neuen Freunde trafen nun öfters zusammen, da Roth in den folgenden Monaten – zwischen einigen Reportagereisen in Deutschland – mehrfach nach Prag zurückkam. Hier soll er auch seinen ersten Roman, den er in Berlin angefangen hatte, zu Ende geschrieben haben.

Debütierender Romancier –
Arrivierter Journalist (1923-1925)

Das Spinnennetz, mit dem sich Roth erstmals als Romanautor vorstellte, wurde in Fortsetzungen vom 7. Oktober bis zum 6. November 1923 in der sozialistischen *Arbeiter-Zeitung* (Wien) veröffentlicht; eine Buchausgabe des jahrelang verschollenen Werkes kam erst postum (1967) heraus. Der aktuelle, zeitkritische Roman, der größtenteils in Berlin spielt, wurde von Roth auch dort konzipiert und – gegen Ende 1922 – in Angriff genommen. Den Anstoß gab das politische Gären in der deutschen Hauptstadt. Die Wiener Zeitung bezeichnete als die Thematik „den Sumpfboden der Reaktion, die moralische und geistige Verwilderung, aus der als Blüte das Hakenkreuzlertum aufsteigt".

Wie in den fünf folgenden Romanen Roths ist hier die Hauptfigur ein Heimkehrer aus dem Ersten Weltkrieg. Geschildert wird der politische und gesellschaftliche Aufstieg des ehemaligen Leutnants Theodor Lohse, eines Mannes, den eine fatale Verquickung von Borniertheit, Brutalität und schrankenlosem Ehrgeiz zum Ungeheuer mit Führerallüren werden läßt. Durch die kleinbürgerlichen Familienverhältnisse, in denen er aufwächst, wird er bereits während seiner Schulzeit zum Emporkommen verpflichtet. So erklären sich seine krampfhaften Bemühungen, Klassenprimus zu werden. Doch scheitert sein zäher Eifer an einem jüdischen Mitschüler, der ihn mit Leichtigkeit überrundet. Die dadurch bedingte, früh einsetzende Verunsicherung Theodors, die im Krieg durch die Geborgenheit in der

Armee (namentlich durch seinen Offiziersrang) zeitweilig aufgehoben wird, steigert sich nach seiner Rückkehr ins Zivilleben, als der nunmehrige Jurastudent gezwungen ist, seinen Lebensunterhalt als Hauslehrer bei einem reichen Juden zu verdienen. Bald kommen die seit der Schulzeit aufgestauten antisemitischen Ressentiments zum Ausbruch. Auf der Suche nach vermeintlich Schuldigen, die für sein Unglück und die Mißstände im Lande verantwortlich gemacht werden können, gelangt der frustrierte Heimkehrer zu der „Einsicht": „Erschwindelt war die Revolution, der Kaiser betrogen, der General genarrt, die Republik ein jüdisches Geschäft." Lohse sucht Zuflucht in einer rechtsradikalen Geheimorganisation.

Daß Roth schon damals die Barbarei, den Ungeist, die Gefahr des Nationalsozialismus geradezu hellsichtig erkannte, beweisen die Darstellung des reaktionären Milieus der frühen zwanziger Jahre und die Entlarvung der Rechtsradikalen, ihrer Gesinnung und ihrer Methoden. *Das Spinnennetz* gehört zu den ersten literarisch beachtenswerten Werken, in denen Hitler auftaucht, hier bezeichnenderweise als Leit- und Vorbild der Hauptfigur. Auch der militaristische Nationalist Erich Ludendorff, gegen den sich wenig später Roths polemische Glossen im *Vorwärts* – beispielsweise „Ludendorff und das Schlachtvieh" (7. III. 1924) – richteten, tritt auf. Mit Begeisterung nimmt Theodor Lohse gleich nach seinem Eintritt in die Geheimorganisation mit diesem reaktionären General, den er als patriotische Größe verehrt, brieflichen Kontakt auf. Keine Begeisterung dagegen erweckt der erste direkte Kontakt mit seinen neuen Gesinnungsgenossen, von denen er anfangs schmähliche sexuelle Erniedrigungen hinnehmen muß. Damit wird ein bezeichnendes Licht auf die „Bewegung" geworfen. In dieser Atmosphäre, wo psychische Verklemmtheit und irrationale

Ambitionen walten, sind Verleumdung, Verrat, Diebstahl und Meuchelmord gang und gäbe. Und hier kommt Lohses Machtstreben schließlich zum Zuge. Während er seinen Vorgesetzten in der Organisation heimlich umbringt, macht sich Theodor im Kampf gegen „innere Staatsfeinde" einen Namen. Als Held des Tages verkehrt er in den Häusern der Prominenz und heiratet eine preußische Adlige. Nun scheint sein Aufstieg unaufhaltsam. Doch auf dem Weg nach oben begegnet ihm der Doppelspion Benjamin Lenz, der in der zweiten Romanhälfte – wo sich die Erzählakzente etwas verschieben – Lohses Leben und den Gang der Handlung beherrscht.

Lenz, ein heimatloser, einzelgängerischer Ostjude, gerissen und selbstsicher im Auftreten, verkörpert einen Typ, der in Roths Werk in verschiedenen Erscheinungsformen mehrfach wiederkehrt. Im *Spinnennetz* stehen bei der Gestaltung seines Charakters speziell Europahaß und ein radikaler Nihilismus im Vordergrund. Als Doppelspion verrät Lenz jeden an alle, stiftet Verwirrung und fördert Verfall. Sein Ziel ist die Vernichtung der entarteten Nachkriegswelt. In dieser Gestalt zeichnet sich somit im Ansatz eine kritisch-parodistische Verkörperung der rechtsradikalen Schauervorstellung der „Weisen von Zion" ab (Marchand). Doch wächst die Figur bald über diese Funktion hinaus, und zwar insofern, als Benjamin Lenz die Rolle des dem Protagonisten überlegenen Gegenspielers zufällt. Der von seinem Ehrgeiz verblendete Theodor Lohse, dessen Aufstieg in die aristokratische Gesellschaft und dann in ein hohes Staatsamt (Chef des Sicherheitswesens) durch Benjamins Gelder und Beziehungen in die Wege geleitet wird, erkennt erst verspätet, daß er seine Handlungsfreiheit verloren und sich in der Umgarnung eines undurchsichtigen Widersachers verfangen hat. In Theodors Büro wird Lenz nämlich eines Abends beim Fotografieren von Akten überrascht. Nun erweist sich der Chef des Sicherheitswesens als völlig machtlos. Um das Geheimnis seiner anrüchigen Vergangenheit, mit der Benjamin weitgehend vertraut ist, vor der Öffentlichkeit zu wahren, muß Lohse den Spion unbehelligt ziehen lassen. Damit schließt die Handlung; das Ende des Romans bleibt offen.

Obgleich *Das Spinnennetz* einige deutliche Schwächen aufweist, wirkt sein an der Tagespolitik orientiertes Thema bestechend: das mit gesellschaftlichem Sprengstoff geladene Nachkriegsklima, in dem eine „entfesselte kleinbürgerliche Führernatur" (Juergens) gedeihen konnte. Hier erscheint zum ersten und einzigen Male in Roths Romanen ein gänzlich negativer, dem Autor unsympathischer Protagonist. Meist nimmt der Erzähler gegenüber Theodor Lohse eine kritische, gelegentlich eine ironische Haltung ein. Mit dem Auftreten von Benjamin Lenz, dessen Charakterbild stellenweise ein bißchen unfertig, schematisch anmutet, wird die Geschlossenheit der Fabel gesprengt. Zu bemängeln wären schließlich auch einige Nebenfiguren – so der degenerierte preußische Prinz, der repressiv-autokratische Freiherr vom Lande, die verarmte Adlige –, die alle etwas ins Polemisch-Klischeehafte verzeichnet sind.

Nach der Veröffentlichung seines ersten Romans in der österreichischen *Arbeiter-Zeitung* erreichte Roths Produktivität 1923/24 einen neuen Höhepunkt. Gegen Ende 1923 kehrte der Schriftsteller mit seiner Frau nach Berlin zurück. Diesmal wohnten die beiden im Hotel am Zoo, das auch bei späteren Aufenthalten in Berlin Roths bevorzugtes Domizil blieb. Hier, in der deutschen Hauptstadt, entfaltete sich nun eine rege Publikationstätigkeit. Während Roth weiterhin Beiträge für die *Neue Berliner Zeitung – 12-Uhr-Blatt*, den *Vorwärts,* die *Frankfurter Zeitung* und das *Prager Tagblatt* schrieb, arbeitete er zudem noch für zwei satirische Zeitschriften, den *Drachen* und das *Lachen links*. Daneben vollendete er binnen kürzester Frist zwei neue Romane: *Hotel Savoy* (1924) und *Die Rebellion* (1924).

Hotel Savoy, Roths erster (in dem Berliner Verlag Die Schmiede) in Buchform erschienener Roman, wurde zunächst in Fortsetzungen vom 9. Februar bis zum 16. März 1924 in der *Frankfurter Zeitung* abgedruckt. Es ist der erste Ich-Roman des Autors, der sich dieser Erzählform später mehrfach bediente. Im Mittelpunkt der Handlung steht Gabriel Dan, ein Heimkehrer ostjüdischer Abkunft, der sich nach dreijähriger Kriegsgefangenschaft in Rußland auf dem Weg nach dem Westen befindet. Nach langen, strapaziösen Wanderungen erreicht er die „Tore Europas" und steigt erstmals wieder in einem mit westlichem Komfort ausgestatteten Hotel ab, wo ihn neue Erfahrungen und Bekanntschaften erwarten. Die Thematik des westwärts wandernden Ostjuden, der aus der Hotelperspektive berichtet, ist bezeichnend und wegweisend für Roth, der selbst zeitlebens ein Hotelnomade blieb. Als Schauplatz der Handlung hat man die polnische Stadt Lodz und das dortige Savoy-Hotel identifiziert. Im Roman selbst fehlt eine genauere Ortsbestimmung; denn wichtiger als die geographische Lage des Hotels ist seine symbolische Bedeutung.

Bei seiner Ankunft rechnet Gabriel Dan nur mit einem kurzen Aufenthalt, da er sich bei einem ortsansässigen, wohlhabenden Onkel das Reisegeld zur Weiterfahrt zu beschaffen gedenkt. Doch dann gerät er in den Bann des Hotels Savoy, das durch seine Atmosphäre, seine Gäste und sein Personal eine .geheimnisvolle Anziehungskraft auf ihn ausübt und den Heimkehrer nicht so bald wieder entläßt. Zur Abreise entschließt Dan sich erst, als das Hotel bei einem Aufstand bis auf die Mauern niederbrennt.

Mit seinen sieben hierarchisch geordneten Etagen, die Glanz und Elend dicht beieinander beherbergen, stellt das Hotel die europäische Nachkriegsgesellschaft in nuce dar. In dieser kopfstehenden Welt entspricht das oberste Stockwerk ironischerweise dem sozialen Tiefststand. Hier oben, wo die Hotelwaschküche ständig einen gesundheitsschädlichen Dunst verbreitet, hausen die Armen, denen man bei Zahlungsschwierigkeiten die Koffer pfändet. Unten im Luxus wohnen die Satten und Reichen. Sie werden allabendlich von nackten Mädchen in der Hotelbar unterhalten. Dort verkehren auch die „Honoratioren" der Stadt: hartherzige Spießer, gewinnsüchtige Fabrikanten, Spekulanten, Lebenskünstler. Neben den Neureichen tauchen allerhand Sonderlinge, großenteils verkrachte oder anrüchige Existenzen, auf. Im Hintergrund – außerhalb des Hotels – steht eine graue Masse, eine gesichtslose Gruppe von arbeitslosen Heimkehrern und streikenden Arbeitern. Zwischen all diesen Menschen bewegt sich der Erzähler, Gabriel Dan, als scharfsichtig registrierender Beobachter hin und her. Seine Bestandsaufnahme der Nachkriegsverhältnisse zeigt eine entwurzelte Gesellschaft auf Inflationskurs, in der soziale Vermassung, Entfremdung und Spannungen grassieren. Es ist eine zerbröckelnde, dem Untergang überantwortete Welt.

Gabriel Dan, aus dessen Sicht dieser Zerfallsprozeß vorgestellt wird, zählt selbst zu den Entwurzelten und Entfremdeten unter den Hotelbewohnern. Er ist – wie nachmals so mancher Protagonist in Roths Romanen – ein Außenseiter ohne Anhang. Ihn reizt von Anfang an die makabre Buntheit des Hotellebens. Hier waltet das eiserne Reglement eines unerreichbaren, aber hintergründig stets anwesenden Hotelwirts, der seine Identität hinter einem Liftboy verbirgt. Daneben scheint ein Gesetz des Zufalls das Leben zu bestimmen; denn: „Mit einem Hemd konnte man im Hotel Savoy anlangen und es verlassen als der Gebieter von zwanzig Koffern." Diese Beobachtung des mittellosen Heimkehrers zieht sich leitmotivartig durch die Erzählung.

Den ersten Höhepunkt seines Hotelaufenthalts bildet für Dan die Ankunft seines kroatischen Kriegskameraden Zwonimir Pansin. Er ist ein willensstarker, tatkräftiger Rebell, der in diesem Roman – wie Benjamin Lenz im *Spinnennetz* – das revolutionäre Prinzip verkörpert. Als Aufwiegler begibt sich Zwonimir unter die notleidenden Arbeiter und Heimkehrer der Stadt, um eine Revolution zu entfachen. In Dans Augen ist der urwüchsige slawische Freund ein naiver Wirrkopf, der aus Liebe zur Unruhe agitiert; doch er ist ehrlich und glaubt an seine Revolution. Der Umgang mit Zwonimir vertieft Dans Einsicht in die sozialökonomischen Zusammenhänge und bewirkt bei ihm eine zunehmende Sympathie für die Armen und Unterprivilegierten.

Den nächsten Höhepunkt – diesmal für das ganze Hotel, ja für die ganze Stadt – bildet die Ankunft des jüdisch-amerikanischen Milliardärs Henry Bloomfield, von dem fast jeder finanzielle Hilfe erwartet. Er ist ein Sohn der Stadt, der alljährlich heimkommt, um das Grab seines Vaters zu besuchen. Wie Gabriel Dan ist also auch Bloomfield ein jüdischer Heimkehrer, nur unter entgegengesetzten Umständen: Der Amerikaner ist Großkapitalist, und seine Heimkehr führt ihn von West nach Ost. Die Hotel- und Stadtbewohner betrachten den Milliardär als eine Art Deus ex machina. Er kommt aus einer anderen Welt und übernimmt die Rolle einer säkularisierten Erlösergestalt, einer Märchenfigur innerhalb eines Antimärchens (Struc). Doch selbst der Retter aus Amerika erweist sich letztlich als rat- und machtlos angesichts der Zersetzung. Nach seiner plötzlichen

Abreise bringt die von Zwonimir geschürte Revolution Vernichtung und Tod. Es ist eine sinnlos anarchistische Aktion, die keine Lösung in Aussicht stellt. So scheint jedenfalls Gabriel Dan die Lage zu beurteilen; denn am Tag nach dem Aufstand kehrt er der Stadt und der verkohlten Hotelruine den Rücken. Der obdachlose Heimkehrer muß nun weiterwandern.

Die im *Hotel Savoy* anklingende Kritik Roths an der europäischen Nachkriegswelt kommt noch deutlicher in seinen journalistischen Arbeiten aus dieser Zeit zum Ausdruck, namentlich im *Vorwärts,* aber auch im *Drachen* und im *Lachen links.* Während Roth in beiden satirischen Zeitschriften Glossen veröffentlichte, verfaßte er für *Lachen links* außerdem politisch-satirische Verse von kabarettistischem Zuschnitt (Abdruck in *Der Neue Tag).* Hier wird in Gedichten wie der „Legende vom Kasernenhof" (25. IV. 1924) und „Die Invaliden grüßen den General" (1. VIII. 1924) der Militarismus aufs Korn genommen. „Der Schalter" (22. II. 1924) wendet sich gegen die Anonymität und Allmacht der deutschen Bürokratie; während „Der Hakenkreuzler" (25. VII. 1924) die Völkischen verulkt. Bei der „Ballade vom Zusammenbruch einer bessern Familie" (22. II. 1924) und bei dem Gedicht „Bürgerliche Kultur" (12. XII. 1924) handelt es sich um eine vernichtende Abrechnung mit dem damaligen Bürgertum.

Ebenso scharf ist Roths Kritik im *Vorwärts.* Hier verurteilt er – in dem programmatischen Beitrag „Der tapfere Dichter" (20. II. 1924) – die unter deutschen Autoren übliche Trennung der Poesie von der Politik und die daraus erstandene unheilvolle Tradition der politischen Indifferenz. Gerügt wird das Schweigen zu allen Fragen des öffentlichen Lebens, die im deutschen Dichterwald so verbreitete Abneigung gegen das kritische Engagement. Als lobenswerte Ausnahme wird Heinrich Mann genannt, der als „Rufer von Geist im brüllenden Streit der reaktionären Barbaren" Roths besondere Anerkennung findet. Zu den achtunggebietenden Zeitgenossen gehört für ihn auch Ernst Toller. Anläßlich seiner Haftentlassung aus der bayerischen Gefangenschaft wird der aktivistische Dramatiker – in „Gruß an Ernst Toller" (20. VII. 1924) – als „ein Märtyrer für das Proletariat" herausgestellt. Seine Behandlung von seiten der bürgerlichen Presse – der ohnehin Mangel an Zivilcourage vorgeworfen wird – erregt Roths Unmut. Man hatte Tollers Stück *Hinkemann* unzulässige Tendenz vorgehalten. Roth, der eine Berliner Aufführung des Dramas am 15. April 1924 im *Vorwärts* rezensierte, machte zwar auf die künstlerischen Schwächen aufmerksam, sympathisierte aber ausdrücklich mit der politischen Haltung des Werkes. Für ihn gewinnt *Hinkemann* spezielle Bedeutung, zumal der entmannte Kriegsinvalide, der im Mittelpunkt der Handlung steht, ein Proletarier ist, „ein Opfer der herrschenden Klasse und jenes Krieges, den sie auf ihrem mangelhaften Gewissen hat". Den polemischen Ton behielt Roth auch in anderen aktuellen Kommentaren bei. Im „Dialog über Walhall" (30. III. 1924) ist die Kritik gegen Ludendorff gerichtet, während das „Gespräch über den deutschen Professor" (13. IV. 1924) den Germanisten Roethe und die chauvinistische deutsche Professorenschaft an den Pranger stellt. Zu dem Hochverratsprozeß gegen Adolf Hitler und andere am Münchner Putschversuch (Nov. 1923) Beteiligte nahm Roth in der ironisch-kritischen Glosse „Geträumter Wochenbericht" (2. III. 1924) Stellung. Die unbegreiflichen Vorgänge dieses Verfahrens, das zufälligerweise zur Faschingszeit stattfand, werden als groteske Traumerlebnisse dargestellt. Der Bericht endet mit dem für Roth prophetischen Satz: „Ich träume einen Fastnachtstraum, und der heißt: Deutschland."

Als Roths letzter Beitrag im *Vorwärts* erschien – vom 27. Juli bis zum 29. August 1924 – der Vorabdruck des Romans *Die Rebellion*. Die Buchausgabe erfolgte noch im selben Jahr in dem Berliner Verlag Die Schmiede. Dieser Heimkehrerroman, der erstmals Gesellschaftskritik mit religiösen Komponenten verquickt und dessen Thematik auf das spätere Werk *Hiob – Roman eines einfachen Mannes* (1930) vorausdeutet, schildert den jämmerlichen Lebensweg eines ehemaligen Nachtwächters, der als beinamputierter Kriegsinvalide nach Hause kommt und durch eine fatale Kette von Schicksalsschlägen seine mühsam aufgebaute bescheidene Existenz ohne eigenes Verschulden einbüßt. Andreas Pum, dessen tragikomische (manchmal kafkaesk anmutende) Geschichte mit gerührter Sympathie und mit Ironie erzählt wird, ist ein einfältig frommer, autoritätsgläubiger Mensch. Trotz des Krieges, der körperlichen Behinderung, der Schmerzen, des Hungers, der allgemeinen Not lebt Andreas in Frieden mit sich und der Welt, in völligem Einklang mit der irdischen und göttlichen Obrigkeit. Ordnungsliebe bestimmt sein Weltbild. Er glaubt an einen gerechten Gott, der Rückenmarkschüsse, Amputationen, aber auch Auszeichnungen nach Verdienst verteilt. Ähnlich ist sein Verhältnis zur Regierung, der seine kindliche Natur blindes Vertrauen entgegenbringt und deren Verfügungen ihm übermächtig und unantastbar erscheinen. Diejenigen, die die bestehende Ordnung anzweifeln oder mißachten, bezeichnet Andreas als „Heiden“. Zwar kommen auch ihm zeitweilig Bedenken, als nach Kriegsende nur die „Zitterer“ vom Staat versorgt werden sollen. Doch ein „Wunder“ läßt ihn vor der Untersuchungskommission zittern, und man bewilligt ihm eine Drehorgel mit Lizenz. Damit zieht er dankbar und zufrieden aus, um sein Brot als staatstreuer Untertan zu verdienen. Andreas preist sich vollends glücklich, als er dann noch eine heiratslustige Witwe mit Wohnung findet. Seine Eheschließung mit dieser attraktiven Frau (die sich jedoch bald als herrschsüchtig und treulos erweist) hält der Invalide wiederum für ein „Wunder".

Manchmal allerdings beunruhigt ihn sein unerhörtes „Glück", besonders wenn er an die wunderbare Fügung des vorübergehenden Zitterns vor der Kommission denkt, wodurch ihm Drehorgel, Lizenz und letztlich Frau und Heim zuteil wurden. Warum, fragt er sich, hat ihn das Schicksal vor allen anderen ausgezeichnet, eine Lizenz zu besitzen, ohne dauernd zu zittern? Würde das Geschick sich nicht einmal ganz unvermittelt seinen Lohn holen? Mit diesen Fragen wird noch eine gewichtige Instanz genannt, die (neben Gott und Staat) Pums Leben tiefgehend bestimmt. Die Darstellung des Schicksals, das hier die Fäden der Handlung spinnt, gehört – nicht allein in der *Rebellion* – zu den erzählerischen Glanzleistungen des Autors. Roth, der den Höhepunkt auf diesem Gebiet seiner Kunst mit Taittinger in der *Geschichte von der 1002. Nacht* (1939) erreicht, verfertigt ein meisterhaft feinmaschiges Gewebe aus winzigen Fehltritten und banalen Umständen. Unbeachtete Augenblicke des Nachgebens und minimale Nachlässigkeiten verstricken den Menschen unmerklich in das unentwirrbare Netz der sozialen Mechanismen, der anonymen Behörden, die ihr Opfer ebenso unerbittlich zermalmen wie das antike Fatum. Dem Invaliden Pum wird die zufallsbedingte schlechte Laune eines sturen Spießbürgers zum Verhängnis.

Herr Arnold, „das Instrument in der vernichtenden Hand des Schicksals", ist ein gutsituierter Geschäftsmann, der ironischerweise mit Andreas die ordnungsbewußte, konservative Gesinnung gemein hat. Letzthin ist aber das geruhsame Leben dieses Biedermannes in Unordnung geraten, weil ein plumper Annäherungsversuch bei einer Sekretärin mißlang und nun seinen bisher makellosen Ruf gefährdet. Deshalb ist Herr Arnold in gereizter Stimmung. An diesem Tag sieht er überall Feinde und zersetzende Tendenzen. Besondere Empörung erregt das ihm provokatorisch vorkommende Plakat einer Invalidenversammlung. Als dann zufällig neben ihm Andreas mit seiner Krücke die Straßenbahnplattform besteigt, entlädt sich Arnolds Mißmut an Pum, dem Invaliden, der als Repräsentant der Gruppe betrachtet wird. Den sonst stets sanftmütigen Andreas, der sich von einem reichen, fetten Pharisäer als Simulant und Bolschewik beschimpft sieht, überwältigt ein unerklärlicher Haß. So entsteht ein Streit zunächst mit Herrn Arnold, dann mit einem Schaffner, dann mit einem Polizisten. Daraufhin wird dem Invaliden die nur allzu allegorische Lizenz entzogen. Durch den Konflikt mit der Obrigkeit verliert Pum, der kaum die unterste Sprosse der sozialen Leiter erklommen hatte, seinen gesellschaftlichen Halt. Auf dem Weg durch die Instanzen gerät er in ein bürokratisches Labyrinth, wo er sich nicht auskennt und wo ein vom Mißgeschick gewirkter Faden aus Schuld, Unschuld und Mißverständnissen den Paria schließlich ins Gefängnis leitet.

Seine Haft bewirkt eine grundlegende Neuorientierung. Abseits der Gesellschaft, die den physischen Krüppel auch noch zum sozialen Krüppel gemacht hat, erlebt er eine „Wiedergeburt" als „Heide", als Rebell, zu dem Andreas sich nun selbst erklärt. Erst jetzt gewinnt er neue Einsichten in die Welt- und Gesellschaftsordnung, die seine vormalige Ehrfurcht vor der Obrigkeit untergraben. Ernüchtert stellt er fest, daß die Regierung keine transzendente, sondern eine menschliche, allzumenschliche, ja oft unmenschliche Einrichtung ist. Ihrem undurchsichtigen Verwaltungsapparat, dessen Räder sich nicht unisono drehen, unterlaufen folgenschwere Fehler. Auch Gott, so scheint es ihm jetzt, beging

Irrtümer. Aber, so fragt Andreas weiter, war Gott noch Gott, wenn er sich irrte?

Nach seiner Haftentlassung beabsichtigt Pum, gegen die Welt, in der ihm so viel Unrecht widerfahren ist, zu rebellieren. Eine Köpenickiade findet jedoch nicht statt. Andreas wird zunächst von der Gesellschaft nochmals ausgenutzt, und zwar als Toilettenwärter in einem Tanzcafé. Hier fristet der nunmehr Todgeweihte seine letzten Tage. Am Ende gipfelt der Roman in einer Rebellion gegen Gott, die sich in Pums Sterbestunde in seiner erhitzten Phantasie abspielt. Indem Roth das alte biblische Motiv des Kampfes mit Gott aufgreift, läßt er den Protagonisten – den Brauch gewisser Ostjuden nachahmend – gleichsam bei Gott einen Prozeß gegen Gott führen. Der Schöpfer wird für das von ihm geduldete soziale Übel zur Rechenschaft gezogen. In seiner Anklagerede beanstandet Pum die Unvollkommenheit der himmlischen Allmacht und beansprucht eine gerechte Verteilung des göttlichen Segens auf Erden.

So klingt der Roman im Metaphysischen aus. Die Gesellschaftskritik steigert sich „zur absoluten Kritik an dieser Welt insgesamt" (Marchand). Pums mißglückte Annäherung an Gott wirft ein bezeichnendes Licht auf Roths eigene „metaphysische Sehnsucht", die meistens von einer angeborenen Skepsis im Keime erstickt wurde. Für den Autor ist das Werk auch hinsichtlich der erzähltechnischen Entwicklung von Bedeutung. In der *Rebellion* erzielt Roth eine weitaus straffere Ausgestaltung als in den ersten beiden Romanen mit ihrer gelegentlich störenden Fülle von Personen und Episoden.

Kurz nach diesem dritten Roman entstanden zwei kleinere Erzählungen, *April* und *Der blinde Spiegel,* die beide 1925 erschienen. Diesmal fand Roth seine Thematik abseits des Zeitgetriebes. *April,* eine impressionistisch getönte Novelle,

handelt von Liebelei in der Kleinstadt, wo eine frühlings-
schwangere, unbeständige Stimmung (die sich im unsteten
Wesen eines namenlosen Ich-Erzählers spiegelt) das Leben
beherrscht. Thematisch ähnlich ist der Ansatz im *Blinden
Spiegel*. Frühlings Erwachen verquickt sich mit sexuellem
Erwachen in der Darstellung eines zartbesaiteten, einfachen
Mädchens, das einen Lebenshalt in der Liebe sucht, aber
zuletzt an deren Unbestand zugrunde geht.

Der Zeitraum von 1923 bis 1925, in dem sich die oben skiz-
zierte Entfaltung seiner Erzählkunst abzeichnet, ist zugleich
von weitreichender Bedeutung für Roths journalistische
und politische Entwicklung. Seine Beiträge im *Vorwärts*, in
denen oft ein starkes politisches Engagement zum Ausdruck kam, brechen Mitte 1924 ab. Auch in den beiden
linksorientierten Zeitschriften *Lachen links* und *Der Drache*
ist Roth nach 1924 nur noch gelegentlich vertreten. Seine
journalistische Tätigkeit läßt eine Wandlung im Ansatz
erkennen, die zum Teil auf seine Enttäuschung über die
deutsche Sozialdemokratie zurückzuführen ist. In der
Frankfurter Zeitung, wo die Anzahl seiner Beiträge mit dem
Jahr 1924 erheblich zunimmt, liegt das Schwergewicht
seiner Publizistik auf dem Unpolitischen, selbst wenn ein
mehr oder weniger politisches Thema angeschnitten wird.
So trägt beispielsweise Roths Bericht zur Reichstagseröff-
nung 1924 die Überschrift „Ein Unpolitischer geht in den
Reichstag" (30. V. 1924). Andere Reportagen in der *Frank-
furter Zeitung* beschäftigen sich mit Besuchen in Berliner
Museen („Besuch bei Amenophis", „Bolivia", „Besuch im
Rathenau-Museum"), mit diversen Veranstaltungen („Aida-
Rummel", „Verleger-Tee", „Ludwig Hardt rezitiert Franz
Kafka", „Gladius Dei", „Brandes spricht über Europa"), mit
Tagesereignissen, wie der Feier zum Gedächtnis des verstor-
benen Reichspräsidenten Friedrich Ebert („Totenfeier um

Mitternacht", „Abschied vom Toten"). Zu den interessantesten Beiträgen zählen seine Filmbesprechungen und Reisebilder, wie „Reise durch Galizien" (20.-23. XI. 1924) und „In Deutschland unterwegs" (24.V.-12.VII.1925). Als letztere Artikelserie in Druck ging, war der von Deutschland desillusionierte Roth bereits nach Frankreich übergesiedelt. Dort begann für den mittlerweile arrivierten Journalisten, der sich im Frühjahr 1925 als Feuilleton-Korrespondent der *Frankfurter Zeitung* in Paris niederließ, eine neue Lebensphase.

Reisender Journalist – Reifender Romancier
(1925-1932)

Für Roth standen die Jahre 1925/26 und sein damaliger Gesinnungswandel im Zeichen des geographischen Wechsels, des Frankreich-Erlebnisses und einer Fahrt durch die Sowjetunion (Spätsommer bis Herbst 1926). Seine literarische Tätigkeit kreiste somit großenteils um die Thematik des Reisens und der Wanderschaft. Im Verlauf der beiden Auslandsaufenthalte entstanden die Reiseberichte „Im mittäglichen Frankreich" *(Frankfurter Zeitung, 8. IX. – 4.XI.1925)*, das zu Roths Lebzeiten unveröffentlichte Reisebuch *Die weißen Städte* und die Artikelserie „Reise in Rußland" *(Frankfurter Zeitung, 14.IX.1926-19.I.1927)*. Dazu kam noch der Essayband *Juden auf Wanderschaft* (1927).

Daß die erste Begegnung mit Frankreich in Roth flammende Begeisterung auslöste, belegt zunächst die Korrespondenz mit den befreundeten Kollegen Benno Reifenberg, dem Feuilleton-Chef der *Frankfurter Zeitung,* und Bernard von Brentano, damals Berliner Korrespondent des Blattes. In Paris, das der Schriftsteller kurz nach seiner Ankunft als „Hauptstadt der Welt" bezeichnete, fühlte er sich von dem Stumpfsinn, von der bedrückenden Enge Deutschlands befreit. „Wer nicht hier war", schrieb er an Reifenberg, „ist nur ein halber Mensch und überhaupt kein Europäer. Es [Paris] ist frei, geistig im edelsten Sinn und ironisch im herrlichsten Pathos." Brentano teilte er mit: „Man sieht von hier, wie von einem großen Turm des Europäertums und der Zivilisation hinunter, tief hinunter, Deutschland liegt in

43

irgendeiner Schlucht." Die hier zum Ausdruck kommende
frankophile Einstellung begleitete Roth – wenngleich nicht
ohne Schwankungen – bis an sein Lebensende. Am 11. Juli
1925 sandte er sein erstes in Paris abgefaßtes Feuilleton an die
Frankfurter Redaktion. Danach war er bis Anfang September in Südostfrankreich unterwegs. Diese Reportagereise,
die ihn u. a. nach Lyon, Vienne, Tournon, Avignon, Nîmes,
Marseille und Nizza führte, lieferte den Stoff für *Die weißen
Städte* und „Im mittäglichen Frankreich". Beide Werke,
deren Themenbereiche sich teilweise überschneiden, veranschaulichen den überwältigenden Eindruck, den die süd-
liche Landschaft, ihre Bewohner und ihre Geschichte, auf
den reisenden Journalisten machte. Hier entdeckte er ein
Gebiet, das, wie er meinte, „von der inzwischen immer stär-
ker gewordenen Amerikanisierung und Bolschewisierung
Europas" noch unberührt war. Zwar sind nicht alle seine
Beobachtungen positiv; mehrfach klingt eine sozialkritische Note an. Roth demaskierte zum Beispiel die Prostitution in Marseille. Auch die provenzalischen Stierkämpfe
werden angeprangert: „Schließlich ist es für die Ordnung
des Staates gut, wenn die Regierten ihren Groll gegen Tiere
auslassen." Roth betrachtete dieses „Spektakel des Klein-
bürgertums" als eine Ersatzbefriedigung für Spießer, als eine
„faschistoide Hatz gegen Wehrlose" (Schweikert). Am
stärksten beeindruckte ihn Südfrankreich jedoch durch
seine lebendigen Denkmäler der alten Kultur, Zeugen einer
ungebrochenen, mächtigen Tradition des heidnisch-antiken
und christlich-mittelalterlichen Europas. Hier begegneten
ihm die Mächte der Vergangenheit, an die er wieder glauben
lernte. „Die Kinder dieses Landes", schrieb er in Tournon,
„fühlen, daß wir Fortsetzung sein müssen der Vordern, um
uns nicht zu verlieren." Später fügte er ergänzend hinzu: „Im
Kommenden ist das Vergangene. Wir können die Antike

aus unsern Augen, aber nicht aus unserm Blut verlieren."
Weckte Paris den Kosmopolitismus des Autors, so brachte
der Süden seine retrospektiv-konservativen Anlagen zum
Durchbruch.

Den Winter 1925/26 verbrachte Roth in Deutschland, wo
ihm die Menschen und die Atmosphäre Unbehagen bereite-
ten. Es gab auch Mißhelligkeiten bei der Frankfurter Redaktion hauptsächlich wegen finanzieller Schwierigkeiten. Seine Stimmung blieb getrübt, als er im Februar 1926 eine
Reportagereise durch das Ruhrgebiet unternahm, welches
sich (zumal zu dieser Jahreszeit) von seiner trostlosesten Seite zeigte und Artikel wie „Der Rauch verbindet Städte"
(18. III. 1926) und „Privatleben des Arbeiters" (10. IV. 1926)
anregte.

Im März war er wieder in seinem geliebten Paris. Hier
erreichte ihn die niederschmetternde Mitteilung von der
Frankfurter Redaktion, daß seine Stellung in Frankreich ab
1. Mai von Friedrich Sieburg übernommen werde, der als
politischer Berichterstatter gleichzeitig das Feuilleton mit-
betreuen wollte. Wie tief sich Roth dadurch gekränkt fühlte, beweist seine erste Reaktion, nämlich Paris nicht, dafür
aber die *Frankfurter Zeitung* zu verlassen. So entstand ein
ernsthafter Riß zwischen dem Blatt und seinem Mitarbeiter.
Man erbot sich, den enttäuschten Korrespondenten – gewissermaßen als Entschädigung – aus Italien, Spanien, Moskau oder gar Amerika berichten zu lassen. Nach längerer
Bedenkzeit optierte Roth für eine Rußlandreise, die er aber
erst im August antrat.

Noch vor der Abfahrt war ein Großteil des 1925 begonnenen Buches *Juden auf Wanderschaft* fertig geworden. Mit
dieser aufschlußreichen Darstellung der Ostjuden, ihrer
Lage, ihrer Sitten und Gebräuche, setzte der Schriftsteller
seinem eigenen ostjüdischen Erbe ein Denkmal. Voller

Anteilnahme schilderte Roth – der selbst das ahasverische Geschick teilte – die Odyssee der in den Westen ziehenden Juden und ihr Los nach der Ankunft in den westlichen Großstädten (Wien, Berlin und Paris). Ein wenig zu optimistisch beurteilte er die Lage des Judentums in der Sowjetunion, das Thema des Schlußkapitels, welches erst auf der Rußlandreise ausgearbeitet wurde.

Diese Reise, die sich über das letzte Drittel des Jahres 1926 erstreckte, führte Roth zuerst über Minsk durch Weißrußland nach Moskau. Danach bestieg er einen Wolga-Dampfer, der von Nischni-Nowgorod (Gorki) über Kasan, Samara (Kujbyschew) und Stalingrad (Wolgograd) nach Astrachan fuhr. Von dort aus ging die Reise weiter nach Baku, dann über Tiflis nach Odessa und schließlich nordwärts durch die Ukraine zurück nach Moskau. Vor der Rückkehr in den Westen machte er noch einen Abstecher nach Leningrad.

In einer Reihe von ausführlichen und vielseitigen Reportagen, die ab September 1926 in der *Frankfurter Zeitung* erschienen, versuchte Roth, mit großer Behutsamkeit die in den jungen Sowjetstaaten vorgefundenen Verhältnisse zu erfassen. Zu Beginn übte er wenig Kritik. Er war überhaupt von vielen Neuerungen beeindruckt. Ihm imponierten beispielsweise die Autonomie der Nationalitäten, die Judenemanzipation, die Befreiung und Rehabilitierung des in der Zarenzeit geschundenen russischen Bauern. Doch bei aller Achtung vor dem Fortschritt im Lande war er im großen und ganzen von den Folgen der Revolution enttäuscht. Am meisten störte Roth die allenthalben grassierende Verspießerung des Lebens. Bereits im Frühjahr auf der Reise durch das Ruhrgebiet war ihm aufgefallen, daß sich der Proletarier leicht zum Kleinbürger erziehen ließe. In der Sowjetunion schien sich diese Befürchtung nun in gigantischem

Ausmaß zu bestätigen. Nach dem roten Terror der aktiven Revolution, so stellte er fest, kam der schwarze Tintenterror der Bürokratie. Überall begegnete er der „kleinen Schreibtischbürgerlichkeit", die sich fast aller revolutionärer Ideen, Einrichtungen und Organisationen bemächtigt hatte und weitgehend das öffentliche Leben bestimmte, die innere Politik, die Kulturpolitik, die Zeitungen, die Kunst, die Literatur und einen großen Teil der Wissenschaft. In den Läden sah Roth die Verflachung der Revolution in groben Geschmacklosigkeiten wie Marx als Papiermessergriff und Lenin auf dem Tintenfaß. Begrüßte er die Gleichberechtigung der Frau, so beklagte er ihre daraus erstandene Verwandlung ins Neutrum, ihre Degradation „zum sexuell funktionierenden Säugetier". Nicht zuletzt nahm er Anstoß an der geistigen Leere, der öden Disziplin und achtlosen Nivellierung im Lande. Die Sowjetunion schien ihm zu beweisen, daß nicht die Besitzverhältnisse allein die Kultur bestimmen und daß eine Veränderung der ökonomischen Grundlagen nicht unbedingt eine Erneuerung des geistigen Lebens gewährleistet. Eine rein politische Beurteilung der Verhältnisse hielt er daher für völlig unzulänglich; denn, so schrieb er an Bernard von Brentano, „das Problem ... ist hier keineswegs ein politisches, sondern ein kulturelles, ein geistiges, ein religiöses, ein metaphysisches". Sein Rußland-Erlebnis bewirkte somit eine Umorientierung, eine Erweiterung seines Problembewußtseins. Damit wurden auch seine dichterischen Impulse nach längerer Unterbrechung wieder geweckt. Ein neuer, in der Sowjetunion angeregter Roman, *Die Flucht ohne Ende,* kam 1927 heraus.

Nach der Heimkehr aus Rußland hielt sich Roth einige Wochen in Deutschland auf. Doch bald war er wieder in Paris. In dem neuen Roman, der autobiographische Elemente verarbeitet, bilden die gleichen Aufenthaltsorte (Rußland, Deutschland, Paris) in der gleichen Reihenfolge die wichtigsten Stationen im Leben der Hauptfigur.

Gegen Ende April 1927 rüstete sich Roth abermals zu einer Reportagereise für die *Frankfurter Zeitung*. Diesmal war er bis Juni auf dem Balkan unterwegs. Seine Berichte kamen aus Belgrad und Sarajevo sowie aus Tirana, wo der Großteil der Artikelserie „Reise nach Albanien" (29.V.-30.VII.1927) entstand. Diesem kleinen, exotischen Balkanstaat, damals unter dem Regiment von Achmed Zogu, konnte der Autor zwar wenig Reiz abgewinnen; aber Roth gelang es dennoch, mit einer Beimischung von Ironie die eigenartige ethnographische und soziale Physiognomie des Landes festzuhalten.

Das nächste Reiseziel – im Herbst 1927 – war das Saargebiet. Darüber schrieb Roth unter dem Pseudonym „Cuneus" (der Keil) eine Folge von Artikeln, welche vom 16. November 1927 bis zum 28. Januar 1928 als „Briefe aus Deutschland" in der *Frankfurter Zeitung* liefen. Er begleitete Bergarbeiter in einer Kohlengrube; er beobachtete eine Proletarierin beim Einkaufen im Warenhaus. Er besuchte eine Volksversammlung und ein Stahlwerk. Die Reise durch die „verrußte Traurigkeit" wurde vorzeitig abgebrochen. Für Roth war das Saargebiet ein „Land, in dem Industrie und Technik den Ernst des Lebens dem des Todes annähern".

Die auffallend starke Reiselust jener Jahre stand wohl in engem Zusammenhang mit seiner zunehmenden Vereinsamung und Entfremdung. Durch Reisen versuchte er sich zu zerstreuen und seinen Problemen auszuweichen. Trotz hoher Einnahmen war der Autor öfter in Geldverlegenheit. Als freigebiger Mensch mit kostspieligen Bedürfnissen vermochte er nie haushälterisch zu wirtschaften, so daß sich seine finanziellen Schwierigkeiten später auf verhängnisvolle Weise zuspitzten. Nicht selten suchte er Zuflucht im Alkohol. Dabei fehlte es nie an Freunden.

1927 brachte den ersten brieflichen Kontakt mit Stefan Zweig, der in den Folgejahren Roths Freund und Mäzen wurde. Zudem lernte der Schriftsteller in Paris den französischen Germanisten und Kritiker Félix Bertaux kennen, mit dem sich eine lebhafte Korrespondenz anbahnte. Zu erwähnen wäre hier noch der Theaterkritiker und Biograph Ludwig Marcuse (später Professor an der University of Southern California in Los Angeles), den Roth schon seit der Berliner Zeit kannte und dem er auch nach der Übersiedlung nach Paris freundschaftlich nahestand.

1927 schloß der Autor einen Vertrag mit einem neuen Verleger (Kurt Wolff), der noch im gleichen Jahr *Die Flucht ohne Ende* herausbrachte. Im Mittelpunkt dieses „Berichts" (wie der Untertitel lautet) steht der österreichische Oberleutnant Franz Tunda, der 1916 in russische Kriegsgefangenschaft gerät. Nachdem es ihm gelingt, aus einem sibirischen Lager zu entkommen, findet der Offizier Zuflucht bei einem Jäger und Pelzhändler in einem abgelegenen Gehöft am Rande der Taiga. Hier erfährt Tunda erst im Frühjahr 1919, daß der Krieg vorüber ist. Auf dem Weg zurück in den Westen, wo seine Verlobte (Irene Hartmann) lange auf ihn gewartet hat, gerät der Heimkehrer durch Zufall unter die Rotgardisten. Er bleibt bei ihnen aus Liebe zu einer Revolutionärin (Natascha Alexandrowna) und beteiligt sich selbst an der Revolution. Als ihn aber der überspannte politische Aktivismus seiner Liebhaberin abstößt, zieht er sich in den Kaukasus zu einem unpolitischen, naturnahen Mädchen (Alja) zurück. Seine neue Existenz in Baku, wo er sich mit der Kaukasierin niederläßt, wird bald gesprengt, und zwar durch die Begegnung mit einer eleganten Dame aus Paris, die erneut Tundas Sehnsucht nach Westeuropa weckt. So macht er sich abermals auf den Weg, der nun über Wien nach Deutschland in eine rheinische Stadt führt, in der

Tundas Bruder (Georg) als erfolgreicher Kapellmeister lebt. Die letzte Station der Odyssee ist Paris.

Indem der Autor seine Heimkehrerfigur ganz Europa von Sibirien aus bis Frankreich durchstreifen läßt, vermag er die revolutionäre Neuordnung des Ostens der traditionellen Ordnung des Westens in differenzierter Weise gegenüberzustellen. Nach Kriegsende verläßt Tunda die östliche Einöde mit der Absicht, die Revolution zu umgehen und seine Wiener Braut Irene (ein Sinnbild für die verlorene Vorkriegswelt) wiederzusehen. Doch wird er unterwegs abgefangen, und ihm begegnet Natascha Alexandrowna, die emanzipierte Liebhaberin mit kommunistischem Engagement. Durch diese Gestalt, die für Tunda eine Verkörperung der sozialistischen Revolution ist, verdeutlicht Roth die Unzulänglichkeit der umgestalteten russischen Gesellschaft. In Natascha, die ihre Weiblichkeit als einen Rückfall in die bourgeoise Weltanschauung abtut und Liebe als revolutionäre Pflicht auffaßt, spiegelt sich die Leere menschlicher Beziehungen. Ferner kommt in ihren Reden das Klischee- und Phrasenhafte an der Revolution zum Ausdruck. Tunda nimmt speziell Anstoß an der Aufforderung, sich für revolutionäre Zwecke und Ziele zu opfern. Ihm gilt eine Gesellschaft, die auf Menschenopfern aufbaut, als inhuman, wie er Natascha darlegt: „Wir haben nichts, wir haben ja das Eigentum abgeschafft ... Auch unser Leben gehört uns nicht mehr. Wir sind frei. ... Wir sind keine Opfer, und wir bringen keine Opfer für die Revolution. Wir sind selbst die Revolution."

Auf der Flucht vor der grauen politischen Realität erweist sich der Kaukasus lediglich als Zwischenstation. Hier führt der Desillusionierte mit Alja ein abgeschiedenes Leben unter einfachen Menschen in einfachen Verhältnissen. Es ist ein Zustand zwischen Resignation und Erwartung, der für

Tunda schließlich unhaltbar wird. Um sich auszuleben, braucht er komplizierte Verhältnisse.

Als er darauf in den Westen zurückkehrt, kann er auch in dieser Welt nicht mehr heimisch werden. Im Rheinland bei seinem Bruder, Kapellmeister Georg Tunda, der mit seiner Frau und seinem Bekanntenkreis das kultivierte Bürgertum der Provinz versinnbildlicht, registriert der scharfsichtig-kritische Heimkehrer die Borniertheit, die Gleisnerei, die Hohlheit dieser Gesellschaft. Wurde der Mensch im Osten von der sozialistischen Ideologie tyrannisiert, so hat er im Westen die ihm vom Stand zugeteilte Rolle zu spielen. Es ist bezeichnend, daß das Haus des Kapellmeisters mit Ikonen, Thorarollen und Buddhas prunkt. Die alte europäische Kultur, so Tundas Fazit, hat tausend Löcher bekommen, die man mit manierierten Exotika, mit Anleihen aus Asien, Afrika und Amerika stopft. Wie weitverbreitet der kulturelle Verfall ist, veranschaulicht Roth, indem er seine Hauptfigur zuletzt noch nach Paris in das Milieu der dortigen Hautevolee führt, wo sich die Desillusion des Heimkehrers zu einer existentiellen Krise steigert: „... da stand ... Tunda ... inmitten der Hauptstadt der Welt und wußte nicht, was er machen sollte. Er hatte keinen Beruf, keine Liebe, keine Lust, keine Hoffnung, keinen Ehrgeiz und nicht einmal Egoismus. So überflüssig wie er war niemand in der Welt."

Mit diesen Worten, die Tundas und – übersteigert – Roths soziale Heimatlosigkeit kennzeichnen, schließt *Die Flucht ohne Ende*. Die Erzählung mündet also in kein „Ende" im landläufigen Sinne, sondern bricht einfach – wie die beiden ersten Romane – ohne Lösung ab. Beachtenswert an der Erzähltechnik ist die unterschiedliche Darstellungsweise der Rußlandabenteuer und der Episoden in Westeuropa. Tundas Erlebnisse in Sibirien und in der Roten Revolution werden knapp und lakonisch geschildert. Das Erzähltempo ist hastig. Dann kommt die Handlung in Baku fast zum Stillstand. Die dortige Ankunft der Pariser Dame wird durch einen vorübergehenden stilistischen Wechsel vom Er-Roman zum Ich-Roman in Tagebuchform hervorgehoben. So leitet ein erzählerischer Neuansatz den Übergang in den Westen ein. Die aus der Handlung bezogene Spannung geht nun in Kritik an der bürgerlichen Gesellschaft über, wobei die Ironie eine zunehmende Rolle spielt. Das Erzähltempo, das sich bedeutend verlangsamt, paßt sich dem verlangsamten Lebenstempo der Hauptfigur an, welches am Schluß mit Tundas „Überflüssigkeit in der Welt" einen Nullpunkt erreicht.

Im Vorwort des Romans behauptet Roth: „Ich habe nichts erfunden, nichts komponiert. Es handelt sich nicht mehr darum, zu ‚dichten'. Das wichtigste ist das Beobachtete. –" Mit dieser „Fiktion der Nichtfiktion" (Bronsen), die auch in Werken der Folgezeit auftaucht, berührte der Autor die reportagenahe Neue Sachlichkeit. Ihn ganz dazu zu rechnen, wäre jedoch verfehlt.

Das Frühjahr 1928 brachte einen besonders schweren Schock. Bei Friederike Roth, der kaum achtundzwanzigjährigen Frau des Schriftstellers, kam eine unheilbare Nervenkrankheit (Schizophrenie) zum Ausbruch. Der zutiefst bestürzte Gatte machte sich deswegen heftige Selbstvorwürfe, zumal da er Friedl so oft in Hotels allein gelassen hatte. Daß ihr Fall aussichtslos sei, wollte er nicht wahrhaben. Auch gegen Vorschläge, Friedl in eine Heilanstalt einzuliefern, verhielt er sich lange abweisend. Er hoffte verzweifelt auf ihre baldige Besserung und behielt die Geistesgestörte einstweilen bei sich; ja er nahm sie offenbar mit nach Polen, wohin ihn – von Mitte Mai bis Mitte Juli – die nächste Reise führte.

Hierüber berichtete Roth in einer siebenteiligen Artikelserie, die unter dem Titel „Briefe aus Polen" in der *Frankfurter Zeitung* (vom 24. VI. bis zum 9. IX. 1928) herauskam. In
Lemberg gab es ein Wiedersehen mit Frau von Szajnocha.
Daneben bereiste und schilderte er triste Orte wie Lodz, das
„polnische Manchester", und die galizische Petroleumstadt
Boryslaw. Wohlwollende Beachtung schenkte er den deutschen und ukrainischen Minderheiten im Lande. Auf den
Straßen Polens fiel ihm die Paradebegeisterung des Volkes
auf, worin der Reporter „eine Art chronisch gewordene
Auferstehungsfreude" des neuen Staates erblickte. Nicht
zuletzt lenkte er die Aufmerksamkeit auf das literarische
Leben; besonders hervorgehoben wurden dabei die Ver-
dienste des Dichters Ludwig Hieronymus Morstin, den er
durch seinen Freund Józef Wittlin in Krakau kennenlernte.
Einige Jahre später erschien in Roths Novelle „Die Büste des
Kaisers" (1934/35) ein Graf Franz Xaver Morstin, dessen
Gestalt durch die Familiengeschichte und durch ein Ahnen-
bild im Hause der Morstins angeregt worden war.
Im Herbst 1928 bereiste der Journalist erstmals Mussolinis
Italien. Mit seinen Reportagen, welche die faschistische Dik-
tatur bloßstellten, stieß Roth zu seinem Verdruß bei der
Redaktion in Deutschland auf Widerstand. Unter dem Titel
„Das vierte Italien" ließ die *Frankfurter Zeitung* im Oktober/
November 1928 schließlich drei seiner Artikel – allerdings
anonym und nicht ohne Streichungen – erscheinen.
Unterdessen blieb bei Friedl die erhoffte Besserung aus,
obwohl Roth damals mehrere Fachärzte zu Rate zog. Im
Spätsommer 1929 wurde sie in die Berliner Nervenheil-
anstalt Westend überführt. Doch holte Roth die Kranke
bald wieder heraus, um sie unter der Obhut einer Pflege-
schwester zeitweise in der Berliner Wohnung seines Freundes Stefan Fingal unterzubringen. Die dreißiger Jahre ver-

brachte Friedl in einer Reihe von österreichischen Anstalten, bis sie 1940 der Nazimaßnahme zur „Verhütung erbkranken Nachwuchses" zum Opfer fiel.

Für den Autor bedeutete die Erkrankung seiner Frau nicht nur eine seelische, sondern auch eine zusätzliche finanzielle Belastung. So bewog ihn ein günstiges Angebot der *Münchner Neuesten Nachrichten,* Mitte 1929 mit der *Frankfurter Zeitung* zu brechen. Sein Übertritt zu dem nationalistisch eingestellten bayerischen Blatt, wo seine Feuilletons ab August fast ein Jahr lang erschienen, löste bei einigen linksgerichteten Kollegen Befremden aus. Man warf ihm Käuflichkeit vor. Indessen glaubte der hochempfindliche Roth, der Frankfurter Redaktion – wie seinerzeit dem *Berliner Börsen-Courier* – ungenügende Anerkennung seiner Arbeiten zum Vorwurf machen zu müssen. Neben der Münchner Zeitung belieferte er nun auch zwei Berliner Zeitschriften: *Die Literarische Welt* und *Die Neue Rundschau.* Zudem brachte *Das Tagebuch,* worin er schon früher vertreten war, ab 1929 erneut Beiträge von Joseph Roth.

Gegen Ende der zwanziger Jahre hielt er sich wieder länger in Berlin auf. Hier begegnete er erstmals Gustav Kiepenheuer, der 1929 Roths neuer Verleger und Freund wurde. Der Kiepenheuer-Verlag sicherte seinem Autor eine ansehnliche Monatsrente zu und brachte Anfang der dreißiger Jahre zwei seiner größten Romane heraus. Der Schriftsteller stand nicht nur dem Verlagsinhaber nahe, sondern auch seinem Cheflektor, Hermann Kesten, der in Roths verbleibenden zehn Lebensjahren zum engsten Freundeskreis gehörte.

Folgenreich war auch die Begegnung (im August 1929) mit Frau Andrea Manga Bell. Diese attraktive, neunundzwanzigjährige Mulattin, mit der Roth von 1931 bis 1936 zusammenlebte, war die Tochter einer blonden Hamburgerin hugenottischer Abstammung und eines farbigen Musikers kubanischer Herkunft. Verheiratet war sie mit einem zeitweise in Europa lebenden Negerfürsten, Alexandre Manga Bell, „le Prince de Douala et Bonanyo" (früher: Deutsch-Kamerun), von dem sie sich bei seiner Rückkehr nach Afrika getrennt hatte. Mit ihr verknüpfte den Schriftsteller bald ein enges geistiges und erotisches Band.

In den späten zwanziger Jahren veröffentlichte Roth zwei Familienromane: *Zipper und sein Vater* (1928) und *Rechts und Links* (1929). Diese Werke, die nicht zu seinen besten zählen, dokumentieren die Beziehungslosigkeit und geistige Anarchie der Zeit. Beschränkten sich die bisherigen Romane auf die Nachkriegszeit, so dehnt sich der Zeitraum erstmals in *Zipper und sein Vater,* der Geschichte einer österreichischen Kleinbürgerfamilie in der Vor- und Nachkriegsepoche. Wieder kreist ein Großteil der Handlung um die aus der Bahn geworfene Generation der Kriegsheimkehrer. Cäsar Zipper, das schwarze Schaf der Familie, kehrt als beinamputierter Invalide zurück und stirbt in geistiger Umnachtung. Auch Arnold Zipper, der Lieblingssohn, erweist sich nach dem Krieg als Versager. Er landet zuletzt als Clown in einem Varieté. Sein Schicksal wird von Anfang an durch die töricht-lächerliche Clownnatur des alten Zipper (der als Karikatur des Grillparzerschen armen Spielmanns gelten könnte) vorweggenommen. Die Gestalt des Vaters, die neu in diesem Roman ist, sollte fortan in Roths Werk eine Rolle spielen. Hier wird dem unfähigen alten Zipper und dem noch unfähigeren Arnold als Kontrastfigur die kaltblütig-egoistische Schauspielerin Erna Wilder gegenübergestellt. Bei dieser rücksichtslosen Karrieremacherin, die den jungen Zipper heiratet und bedenkenlos ausnutzt, soll der österreichische Star Elisabeth Bergner Pate gestanden haben. Daß sich Roth als Romancier um diese Zeit thematisch ein

wenig festgefahren hatte, zeigt *Rechts und Links*, ein Werk, in
dem sich Wiederholungen häufen. Wie in *Zipper und sein
Vater* wird auch hier das Leben einer Familie vor und nach
dem Ersten Weltkrieg geschildert. Nur handelt es sich diesmal um eine wohlhabende, deutsche Familie namens
Bernheim. Mit Paul Bernheim, dem vornehmen Bürger-
sohn, erlebt der Leser das seichte Wohlleben der Vorkriegszeit, mit Leutnant Bernheim die Absurdität des Krieges und
mit Paul Bernheim, dem Geschäftemacher, den Bankrott
der Werte in den Nachkriegsjahren. In Theodor Bernheim,
dem rechtsradikalen jüngeren Bruder, wiederholt sich
mutatis mutandis Theodor Lohse aus Roths Erstlings-
roman. Sogar der Vorname ist der gleiche. Genau wie in dem
Roman *Das Spinnennetz* der Ostjude Benjamin Lenz in der
letzten Hälfte als zweite Hauptfigur eingeschoben wird, so
wird in *Rechts und Links* ein osteuropäischer Geistesver-
wandter, Nikolai Brandeis, als überlegene Kontrastfigur
den Bernheims gegenübergestellt.

Ein ähnlicher osteuropäischer Typ ist Friedrich Kargan, der
von der russischen Revolution enttäuschte Revolutionär,
dessen Lebensgeschichte in *Der stumme Prophet* erzählt wird.
Dieser Roman, von dem der Autor 1929 einen Teil abdruk-
ken ließ, ist unvollendet geblieben. Die 1966 vorgelegte Edi-
tion, die aus drei verschiedenen unvollständigen Manu-
skripten rekonstruiert wurde, kann nur bedingt als Roths
Werk gelten.

Ebenfalls unvollendet blieb *Perlefter – Die Geschichte eines Bürgers,* ein Manuskript, das lange nach dem Tod des Verfassers
in seinem Berliner Nachlaß aufgefunden und 1978 erstmals
herausgegeben wurde. Dieses mutmaßlich 1929/30 entstan-
dene Fragment bildet den Anfang eines Romans, eine iro-
nisch-prägnante Charakter- und Milieustudie aus dem Bürgertum vor und nach dem Ersten Weltkrieg. Der Titel

stammt allerdings nicht von Roth, sondern vom Herausgeber.

Im Mai 1930, nach Einstellung der Mitarbeit an den *Münchner Neuesten Nachrichten,* nahm der Autor erneuten Kontakt zu Benno Reifenberg und der *Frankfurter Zeitung* auf. Dort ließ Roth vom 14. September bis zum 21. Oktober 1930 seinen neuesten Roman, *Hiob,* als Vorabdruck erscheinen. Auch seine journalistischen Arbeiten veröffentlichte er danach wieder regelmäßig in dem Frankfurter Blatt, für das er noch vor Jahresende eine Reportagereise durch Mitteldeutschland unternahm.

1930 wurde vom Münchner Verlag Knorr & Hirth eine Sammlung seiner Zeitungsbeiträge in Buchform vorgelegt: *Panoptikum – Gestalten und Kulissen.* Diese Feuilleton-Anthologie brachte u. a. Reisereportagen und Portraits wie die denkwürdige Franz-Joseph-Skizze „Seine K. und K. Apostolische Majestät" (zuerst in: *Frankfurter Zeitung –* 6. III. 1928). Am meisten glänzte der Autor – der sich selbst einmal als „Hotelpatriot" bezeichnete – mit seinen in diesen Band aufgenommenen Darstellungen des Hotellebens und des Hotelpersonals, das ihm Heim und Herd und Familie ersetzen mußte.

Roths Gemütszustand blieb nach wie vor tief gedrückt. Das Leiden seiner Frau, die 1930 in das Sanatorium Rekawinkel bei Wien eingewiesen wurde, hatte sich nicht gebessert. Seine Trunksucht und seine finanziellen Probleme verschärften sich. Die seelische Verfassung des Romanciers fand somit ihren literarischen Niederschlag in *Hiob,* der Geschichte eines vom Leid heimgesuchten Menschen. Mit diesem 1930 im Kiepenheuer-Verlag erschienenen „Roman eines einfachen Mannes" (wie der Untertitel lautet) kehrte Roth der zeitkritischen Schau von Nachkriegstypen den Rücken. Damit verwarf er auch die Neue Sachlichkeit,

gegen die er im selben Jahr mit dem programmatisch über-
schriebenen Artikel „Schluß mit der ‚Neuen Sachlichkeit'!"
zu Felde zog. Das Dichterische verdrängte jetzt das Doku-
mentarische.

Die mythische Bibelgestalt des Romantitels, die nunmehr in
einer geschlossenen Erzählung mit einem ordentlichen
Anfang und Ende auftritt, wird in ein wolhynisches Dorf
vor der Jahrhundertwende projiziert. Dort lebt der moderne
Hiob, ein frommer jüdischer Lehrer namens Mendel Singer,
mit seiner Frau (Deborah) und seinen Kindern (Jonas,
Schemarjah und Mirjam). Sein viertes Kind (Menuchim),
mit dessen Geburt der Roman beginnt, ist ein Krüppel, den
die Eltern später, bei der Auswanderung nach Amerika, in
Rußland zurücklassen. Danach wird Mendel vom Unglück
hart getroffen. Im Ersten Weltkrieg zählt sein in russischen
Diensten stehender Sohn Jonas zu den Vermißten, während
der amerikanisierte Sam (d. i. Schemarjah) als US-Soldat
fällt. Aus Gram über den Verlust stirbt Singers Frau. Seine
Tochter Mirjam wird wahnsinnig. Mendel, der seine
Existenz in der Weise Hiobs zerstört sieht, ist untröstlich. Er
hadert mit seinem Schicksal und wendet sich von Gott ab,
ohne ihn jedoch ganz aus seinem Leben verstoßen zu können. Die Handlung endet, wie sie begann, mit Menuchim.
Daß sich dieser kranke, längst totgeglaubte jüngste Sohn
nach Kriegsende plötzlich geheilt und als berühmter Musi-
ker bei seinem Vater in New York einfindet, faßt Mendel
Singer als ein Wunder auf. Jetzt versöhnt er sich mit Gott.
Hiob ist eine im Legendenton geschriebene, mit Ironie
durchsetzte religiöse Entwicklungsgeschichte. Stoff und Stil
wirken „poetischer" als in den vorhergehenden Romanen.
Nun gewinnt die Vaterfigur samt dem patriarchalisch-ost-
jüdischen Milieu überragende Bedeutung. Die Handlung
zerfällt in zwei etwa gleich lange Teile mit eindeutig entge-

gengesetzten Schauplätzen (Rußland und Amerika), worin sich die symmetrisch-kontrapunktische Struktur der Dichtung abzeichnet. Wie Andreas Pum in der *Rebellion* geht Mendel Singer den Weg von der Gläubigkeit zur Auflehnung gegen Gott. Doch der Rebellion folgen bei dem modernen Hiob Wunder und Bekehrung, womit die Erzählung gleich Stationen im Leben des Titelhelden eines späteren Romans, *Tarabas – Ein Gast auf dieser Erde* (1934), vorwegnimmt. Auch die negative Darstellung Amerikas, als Moloch der Technik, als kulturlose, gott- und naturferne Welt, wo Mendel Singer unter psychologischem Beschuß mit Vereinsamung und Selbstentfremdung zu kämpfen hat, findet bald eine polemisch übersteigerte Fortsetzung in *Der Antichrist* (1934). Am Schluß wird der Bogen zwischen der Romanwelt der krassen amerikanischen Wirklichkeit und der Legendenwelt der göttlichen Gnade (die dem biblischen wie dem wolhynischen Hiob schließlich zuteil wird) ein wenig überspannt. Die Integration von Wirklichkeit und Wunder gelang Roth besser in seinem letzten Versuch auf diesem Gebiet: *Die Legende vom heiligen Trinker* (1939).

In den frühen dreißiger Jahren hielt sich der ruhelos reisende Autor zeitweilig in Österreich (Salzburg, Wien), in Frankreich (Paris, Marseille, Antibes), in der Schweiz (Rapperswil am Zürichsee, Ascona) und in Deutschland (Frankfurt am Main, Berlin u.a.) auf. Als *Hiob* im Herbst 1930 im Druck erschien, war der nächste Roman, *Radetzkymarsch,* bereits im Entstehen begriffen. Das neue Werk, welches Roths bestes und bekanntestes werden sollte, beschäftigte den Schriftsteller 1931 hindurch bis in das Folgejahr. Inzwischen hatte er sich mit dem Schweizer Friedrich Traugott Gubler angefreundet, der als Nachfolger Benno Reifenbergs jetzt in Frankfurt das Feuilleton redigierte. Neben Beiträgen in der *Frankfurter Zeitung* wurde 1931 Roths „Kleine Reise", eine

Artikelserie über Mitteldeutschland und das Ruhrgebiet, in der *Kölnischen Zeitung* (3. V.-21. VI.) veröffentlicht.

1932 beschränkte sich seine journalistische Tätigkeit auf eine Handvoll Buchbesprechungen, Feuilletons und Glossen (wie beispielsweise „Ursachen der Schlaflosigkeit im Goethe-Jahr" und „Philister im Goethe-Jahr", worin Roth sich über den Sportkult der Deutschen mokierte). Der bedeutendste Zeitungsbeitrag des Jahres war der Vorabdruck des neuen Romans, *Radetzkymarsch,* den die *Frankfurter Zeitung* vom 17. April bis zum 9. Juli brachte. Im September folgte die Buchausgabe im Kiepenheuer-Verlag. Als die ersten Folgen in der Zeitung anliefen, so schrieb der damals verzweifelt arbeitende, weiterhin von Geldsorgen bedrängte Verfasser an seinen Freund Stefan Zweig, war das Werk noch nicht abgeschlossen. Der Roman, der ursprünglich Alt-Österreich von 1890 bis 1914 behandeln sollte, wuchs immer mehr an Umfang und dehnte sich bald über eine breitere Zeitspanne aus. Im Mittelpunkt der Handlung stehen drei Generationen der Familie von Trotta und Franz Joseph I., die zusammen Österreich und seinen Zerfall in dem Zeitraum von 1859 (Schlacht bei Solferino) bis 1916 (Todesjahr des Kaisers) veranschaulichen.

In der Schlacht bei Solferino wird der junge Leutnant Joseph Trotta verwundet, während er dem Kaiser Franz Joseph das Leben rettet. Dafür wird der tapfere Offizier geadelt, und er geht als „Held von Solferino" in die Geschichte ein. Nur findet seine Tat auf dem Schlachtfeld in den behördlich autorisierten Schullesebüchern eine fälschlich aufgebauschte Darstellung, die Trottas einfache, auf Kaiser und Wahrheit aufgebaute Welt dermaßen erschüttert, daß er seinen Abschied von der Armee nimmt und sich auf ein böhmisches Gut zurückzieht. Seinen einzigen Sohn, Franz von Trotta, läßt er – gewissermaßen aus Rache – nicht Offizier werden. Der

Knabe, bei dem sich eine karge Phantasie mit einem nüchternen, ehrlichen Verstand paart, ist für das Beamtentum bestimmt. Er wird in einem Wiener Pensionat erzogen. Nach Hause kommt er nur in den Ferien. Einmal bringt er einen Freund mit, der ein Portrait des alten Trotta malt. Dieses Gemälde, das als Dingsymbol – neben dem in der Monarchie allgegenwärtigen Kaiserbild – im Laufe der Erzählung wiederholt in Erscheinung tritt, bleibt für die Nachfahren des Helden von Solferino ein lebendiges Mahnmal.

Franz von Trotta wird nach dem Tode seines Vaters zum Bezirkshauptmann in einer kleinen mährischen Stadt ernannt, wo er als Muster eines uneigennützigen, kaisertreuen Staatsbeamten seinen beruflichen Pflichten obliegt. Sein einziger Sohn, Carl Joseph von Trotta, der die Kavalleriekadettenschule in Mährisch-Weißkirchen besucht, wächst in einer strengen, patriarchalischen Welt auf (die für den ganzen Roman charakteristisch ist). An seine frühverstorbene Mutter kann sich der Junge nicht mehr erinnern. Seine erste Geliebte, eine Art Ersatzmutter, ist Frau Slama, die Gattin des Gendarmeriewachtmeisters in seiner Vaterstadt. Zur Zeit seines Schulabschlusses, als Carl Joseph den Ulanen als Leutnant zugeteilt wird, stirbt die Geliebte an der Geburt seines Kindes. So steht sein Leben von Jugend auf im Schatten des Todes und der Trauer. Hiermit wird auch schon das Erlöschen des jüngst geadelten Geschlechts angedeutet.

Carl Joseph tritt seinen Militärdienst bei einem Ulanenregiment in Mähren an. Dort schließt er Freundschaft mit dem jüdischen Regimentsarzt Max Demant, der jedoch in einem Duell, zu dessen Anlaß Trotta beigetragen hat, ums Leben kommt. Daraufhin läßt sich der todunglückliche Carl Joseph in ein abseits, an der russischen Grenze stationiertes Jägerbataillon versetzen.

Es ist bezeichnend, daß die Gegend, in die sich Leutnant Trotta nun begibt, ein Rand- und Sumpfgebiet ist. Die neue geographische Lage entspricht seiner neuen existentiellen Lage. Indem Carl Joseph für einen dem Spielen verfallenen Kameraden bürgt und dazu eine Affäre mit einer neuen – wiederum älteren – Geliebten (Frau von Taußig) mit geliehenem Geld bestreitet, gerät der Leutnant in einen Sumpf von Schulden. Zuletzt vermag nur noch das persönliche Eingreifen des Kaisers die Ehre der Trottas zu retten.

Unterdessen mehren sich die Verfallserscheinungen im Lande. Darauf wird Carl Joseph erstmals im Grenzgebiet von einem neuen polnischen Freund, Graf Chojnicki – der im Roman als Prophet des Untergangs fungiert – aufmerksam gemacht. Selbst Franz von Trotta gewahrt aus seiner engen Beamtenperspektive, daß die politische und soziale Gärung zunimmt. Mit dem Tod seines greisen Dieners Jacques, der für den Bezirkshauptmann ein Stück Österreich aus der Zeit des erlauchten Solferinohelden verkörperte, gerät die heimische Ordnung ins Wanken. Er beschließt, seinen Sohn in der Grenzgarnison zu besuchen. Dort zeichnet sich der Zersetzungsprozeß noch deutlicher ab. Man muß das Militär gegen „staatsgefährliche Umtriebe" einsetzen. Leutnant Trotta wird in einem Straßenkampf mit streikenden Fabrikarbeitern verwundet. Ironischerweise trägt er wie sein Großvater, der Held von Solferino, eine Verletzung am Schlüsselbein davon. Als der desillusionierte Carl Joseph zuletzt – ebenfalls wie sein Großvater – seinen Abschied von der Armee nimmt, um sich als kleiner Verwalter auf Chojnickis Gut zurückzuziehen, gerät die Welt des Vaters, der sein ganzes Leben dem Dienst des Kaisers und des Staates gewidmet hat, vollends aus den Fugen. So erleben beide Trottas, der Offizier und der Beamte, die Zerstörung ihres Glaubens an Österreich, womit ihr Lebensinhalt und ihr Selbstverständnis untergraben werden. Carl Josephs Leben auf dem Lande – eine Art Rückzug in die urwüchsige Bauernwelt seiner slowenischen Ahnen – bleibt eine kurze, idyllische Episode. Bei Ausbruch des Ersten Weltkrieges rückt Leutnant Trotta wieder ein und fällt bald darauf an der Ostfront. Sein Vater überlebt ihn nicht lange. Der Tod des Bezirkshauptmanns fällt zusammen mit der Beisetzung des Kaisers, mit dem die Romanhandlung beginnt und endet.

In diesem Werk, das Vergegenwärtigung mit Kommentierung der Vergangenheit vereint, läßt der Autor die Schlußepoche des Donaureiches durch seinen Kaiser, sein Beamtentum und sein Offizierskorps aufleuchten. Alt-Österreich, das für Roth ein Stück Kindheit und Jugend, ein Teil seiner selbst war, ersteht in der Darstellung nicht als historisches Abstraktum, sondern aus der subjektiven Erfahrung, aus dem Bewußtsein der Figuren. „Die Völker vergehn, die Reiche verwehn", schrieb Roth in einem dem Zeitungsabdruck des Romans vorangestellten Vorwort. „Aus dem Vergehenden, dem Verwehenden das Merkwürdige und zugleich das Menschlich-Bezeichnende festzuhalten ist die Pflicht des Schriftstellers. Er hat die erhabene und bescheidene Aufgabe, die privaten Schicksale aufzuklauben, welche die Geschichte fallen läßt, blind und leichtfertig, wie es scheint." Daß Roth dem Stoff liebevolles Einfühlungsvermögen und persönliche Sympathie entgegenbrachte, geht auch aus dem Vorwort hervor: „Ein grausamer Wille der Geschichte hat mein altes Vaterland, die österreichisch-ungarische Monarchie, zertrümmert. Ich habe es geliebt, dieses Vaterland, das mir erlaubte, ein Patriot und ein Weltbürger zugleich zu sein, ein Österreicher und ein Deutscher unter allen österreichischen Völkern. Ich habe die Tugenden und die Vorzüge dieses Vaterlands geliebt, und ich liebe heute, da es verstorben und verloren ist, auch noch seine Fehler und seine Schwächen." So hat wohl der Verfasser selbst dazu beigetragen, daß man seinen *Radetzkymarsch* etwas zu einseitig als nostalgischen Schwanengesang, als melancholische Verklärung Alt-Österreichs ausgelegt hat; der Roman ist nämlich zugleich ein sozialkritisches, manchmal satirisches Epochenportrait. Roths psychologischer Scharfblick erinnert an Arthur Schnitzler; während man bei der Milieuschilderung und der schwermütigen Endstimmung an Theodor Fontane und Eduard von Keyserling denken muß.

Über dem ganzen Geschehen im *Radetzkymarsch* schwebt die Persönlichkeit des Kaisers, eine liebevoll-ironisch gezeichnete Vaterfigur mit politischer Autorität. Franz Joseph verbindet den privaten Bereich der Familie von Trotta mit dem offiziellen des Staates. Bezeichnenderweise ist es die Schlacht bei Solferino, eine Niederlage der Monarchie, womit der Aufstieg der Familie beginnt. Vermochte Carl Josephs Großvater dort den Kaiser leibhaftig zu retten, so kann später der Enkel, lediglich ein dekadenter Epigone des Helden von Solferino, nur noch das (bereits erwähnte) allgegenwärtige Bild des Kaisers aus einem fliegenbeschmutzten Rahmen im Bordell „retten". Die parallelistische Gestaltung – hier mit ironischem Kontrast – ist unverkennbar und charakteristisch für den ganzen Roman.

Bei der Darstellung Franz Josephs, dessen Figur sich aus historischen und fiktiven Eigenschaften zusammensetzt, zeigt Roth spezielles Interesse – wie später bei Napoleon in dem Roman *Die Hundert Tage* (1935) – für den privaten Kaiser. Der Greis mit dem Tropfen an der Nase, der mit kindisch-seniler Freude die Manöver genießt, gewinnt an Sympathie gerade durch seine Menschlichkeit und durch seine kluge Einfalt. Mit typisch „österreichisch-barocker Schicksalshingabe" (Klarmann) nimmt er die vorauszusehende Aufteilung seiner Völkerfamilie in kleine Nationalstaaten hin: „‚Es paßt ihnen halt nimmer, von mir regiert zu werden!' dachte der Alte. ‚Da kann man nix machen!' fügte er im stillen hinzu. Denn er war ein Österreicher …"

Dem Kaiser entspricht unter den Trottas der Bezirkshauptmann, der Franz Joseph in seiner äußeren Erscheinung wie ein Spiegelbild gleicht. Der Beamte verkörpert den dieser hierarchisch gegliederten Staatsordnung unentbehrlichen treuen Diener seines Herrn, eine Figur, die sich mutatis mutandis in dem Hausdiener Jacques und in dem ukrainischen Burschen Carl Josephs wiederholt. Eine Welt ohne den Kaiser, ohne die überlieferten Denk- und Verhaltensweisen ist für den konservativen Bezirkshauptmann ein Greuel. Die Endphase der Monarchie erlebt er als Relikt einer begrabenen Zeit, um dann fast gleichzeitig mit dem Kaiser – ein augenfälliger Parallelismus – zu sterben. Beide können Alt-Österreich nicht überleben.

Am deutlichsten offenbart sich die Dekadenz in und um Carl Joseph von Trotta. Der lebensuntüchtige Leutnant wird nicht nur dem heldenhaften Großvater als Parallel- und Kontrastfigur gegenübergestellt, als Angehöriger und Vertreter des Offizierskorps macht er auch das untergangsreife Gefüge der k. u. k. Armee – gleichsam von innen – sichtbar. Trotta fühlt sich von Anfang an beim Heer nicht ganz heimisch. Im Gegensatz zu seinem Vater geht der Leutnant nicht völlig in seinem Beruf auf. Bei ihm macht sich nämlich ein vager, atavistischer Blutdrang zu den namenlosen, bäuerlichen Vorfahren geltend. So lebt er in einem Zustand der Zerrissenheit, der seelischen Heimatlosigkeit dahin. Beim Militär begegnet Carl Joseph zumeist faden, blasierten Existenzen, die ihr leicht verlottertes Leben mit Trinken und mit Besuchen im Bordell und im Spielsaal verbringen. Eine ausnehmend wirkungsvolle Veranschaulichung des Verfalls bietet ein Offiziersfest im Sommer 1914, in das die Nachricht vom Attentat in Sarajevo hineinplatzt. Rittmeister Jelacich, ein habsburgtreuer Slowene, ist entrüstet, aber zugleich ratlos, als die ungarischen Festgäste unverhohlen ihre Freude über die Ermordung des slawenfreundlichen Thronfolgers bekunden: „Wir sind übereingekommen, meine Landsleute und ich, daß wir froh sein können, wann das Schwein hin is!"

Die alte, nunmehr todgeweihte Monarchie, deren optisches Symbol im Roman das Portrait des Kaisers – im privaten Bereich das des Helden von Solferino – ist, wird akustisch durch den Radetzkymarsch von Johann Strauß, dem Älteren, versinnbildlicht. Diese „Marseillaise des Konservatismus" (wie Roth den Marsch einmal nannte) durchzieht als Leitmotiv die ganze Komposition. Die Klänge begleiten Leutnant Trotta von Jugend auf bis in seine Todesvisionen. Am eindrucksvollsten setzt das Motiv ein, als nach dem Sarajevo-Attentat Carl Joseph, den Untergang der Monarchie vorausahnend, an seine Vaterstadt zurückdenkt: „Daheim, in der mährischen Bezirksstadt W., war vielleicht noch Österreich. Jeden Sonntag spielte die Kapelle Herrn Nechwals den Radetzkymarsch. Einmal in der Woche, am Sonntag, war Österreich."

Exiljahre (1933-1939)

Ende Januar 1933, als Hitler zum Reichskanzler ernannt wurde, verließ Roth Deutschland. Sein erster Wohnsitz im Exil war Paris, wo er schon 1925 heimisch geworden war und wo er seitdem viel Zeit verbracht hatte. Auch als Emigrant wechselte Roth, dem eine wiederholte Ortsveränderung inzwischen zum Bedürfnis geworden war, mehrfach seine Adresse. Doch kehrte er nach Aufenthalten (bzw. Reisen) in Österreich, der Schweiz, Südfrankreich, den Niederlanden, Belgien und Polen immer wieder nach Paris zurück. Dort wohnte er meist neben dem Jardin du Luxembourg im Hotel Foyot, bis es im November 1937 geschlossen und dann abgerissen wurde.

Befand sich Roth seit einigen Jahren schon seelisch und finanziell in einem Belagerungszustand, so sah er seine Existenz ab 1933 auch noch von der Rassenpolitik der neuen deutschen Machthaber bedroht. Seine Bücher wurden sofort auf die Schwarzen Listen gesetzt. Roth war sich der Gefahr von Anfang an bewußt. Im Februar 1933 schrieb er an Stefan Zweig: „Inzwischen wird es Ihnen klar sein, daß wir großen Katastrophen zutreiben. Abgesehen von den privaten – unsere literarische und materielle Existenz ist ja vernichtet – führt das Ganze zum neuen Krieg. ... Machen Sie sich keine Illusionen. Die Hölle regiert." Noch im selben Jahr richtete er als Mitarbeiter an der von Leopold Schwarzschild herausgegebenen Exilzeitschrift *Das Neue Tage-Buch* (Paris/Amsterdam) seine ersten publizistischen Angriffe gegen das NS-Regime.

Seine erste im Exil abgefaßte Erzählung, „Stationschef Fallmerayer", behandelt den merkwürdigen Fall eines biederen österreichischen Bahnbeamten, der im mittleren Alter durch eine jäh ausbrechende Leidenschaft unvermittelt aus dem Gleis gebracht wird. Die Novelle entstand im Frühjahr 1933 in Paris. Im August, nach einem Besuch bei Stefan Zweig in Salzburg, nahm Roth Quartier im Hotel Schwanen in Rapperswil am Zürichsee, wo er schon im Vorjahr ein paar Wochen gewohnt hatte. Dort konnte er binnen drei produktiven Monaten einen vorher in Paris entworfenen Roman, *Tarabas – Ein Gast auf dieser Erde,* zu Ende schreiben. Das neue Werk erschien 1934 im Amsterdamer Querido-Verlag, bei dem Fritz Landshoff, ein früherer Leiter des Kiepenheuer-Verlags, eine Emigrantenabteilung gegründet hatte.

Tarabas spielt in einem ungenannten westlichen Randgebiet des zerfallenden russischen Zarenreiches in den Wirren des Ersten Weltkriegs und der Folgezeit. Geschildert wird der Lebensweg eines gewalttätigen Menschen. Nikolaus Tarabas ist der rebellische Sohn einer begüterten Familie. Seine brutale, zügellose Natur findet Erfüllung als Soldat im Krieg, im Rausch des Blutes. Nach der Revolution, als man Tarabas in eine kleine Garnison beordert und ihm administrative Aufgaben zuteilt, fühlt er sich tödlich gelangweilt und verstimmt. Häufig spricht er dem Alkohol zu. Eines Tages, nach einem Judenpogrom, vergreift er sich wutschnaubend an einem harmlosen jüdischen Bethausdiener, dem er den Bart ausreißt. Diese Untat bewegt Tarabas schließlich zur Ein- und Umkehr. Er verbringt den Rest seiner Tage als Bettler und Büßer.

Diese legendenhaft-balladeske Erzählung, die Glaube und Aberglaube verquickt, betrachtete Roth später als literarisch mißlungen. Doch es ist nicht das letzte Mal, daß der Autor die hier verwendete Schuld-und-Sühne-Thematik aufgreift. Napoleon in *Die Hundert Tage* (1935) könnte als gesteigerter Tarabas gelten.

Im Dezember 1933 kehrte Roth aus der Schweiz zurück nach Paris, wo er an einem neuen Buch, *Der Antichrist,* arbeitete. Schon Ende März 1934 war das Werk abgeschlossen. Es erschien im selben Jahr im Verlag Allert de Lange (Amsterdam), bei dem Walter Landauer (zuvor im Kiepenheuer-Verlag) jetzt eine deutsche Abteilung leitete.

Der Antichrist ist eine lose Folge von homiletisch-polemischen Betrachtungen, worin der Autor als apokalyptischer Seher mit den Gespenstern seiner Zeit abrechnet. Es ist Roths „Steckbrief" gegen die Verfälschung der Werte. Der Antichrist, so mahnt er, manifestiert sich in diversen Formen: im Nationalsozialismus, im Kommunismus, im „Wunder" der Technik; aber auch in der Kirche und im Kino ist er zu finden. In der vernichtenden Darstellung Hollywoods, das hier als Hölle-Wut, als Hades des modernen Menschen, bezeichnet wird, klingen stellenweise Egon Erwin Kischs Reportagen aus der Filmstadt (in *Paradies Amerika*) an. Der Essayband, der weitgehend auf erzählerische Erfindung verzichtet und zuweilen auf altes Material aus Roths eigenen Reportagen zurückgreift, ist nicht sorgsam durchstrukturiert. Er wurde zu hastig niedergeschrieben.

Im Exil flüchtete sich Roth in eine übersteigerte Produktivität. Anlaß dazu war nicht allein die Sorge um den Lebensunterhalt. Ihm bot das nun nahezu pausenlose Schreiben – neben der ebenfalls konstanten Alkoholzufuhr – Ablenkung, Betäubung, Umweltenthebung. Gegen Ende des ersten Exiljahres schrieb er an seinen Freund Stefan Zweig: „So sehr ich glaube, daß die Not meine Muse ist, so deutlich sehe ich auch, daß sie mich zum Selbstmord treibt." Etwa zwei Jahre später erklärte Roth dem Freund: „Machen Sie sich bitte um mein Trinken gar keine Sorgen. Es konserviert mich viel eher, als daß es mich ruiniert. Ich will damit sagen, daß der Alkohol zwar das Leben verkürzt, aber den *unmittelbaren* Tod verhindert. Und es handelt sich für mich darum: *Nicht das Leben zu verlängern, sondern den unmittelbaren Tod zu verhindern.* ... Ich versetze gewissermaßen die letzten 20 Jahre meines Lebens beim Alkohol, weil ich noch 7 oder 14 Tage Leben mir gewinnen muß." Die Folgen der Trunksucht – frühzeitiges Altern, körperlicher Verfall – waren binnen kurzem in seinem gedunsenen Gesicht zu erkennen. Zuletzt war Roth nur noch ein Wrack. Trotz der mählichen Selbstzerstörung vermochte er in der Emigration seine literarische Tätigkeit zu steigern. „Es war ein Wunder", meinte der Augenzeuge Stefan Zweig, „gegen alle medizinischen Gesetze, dieser Triumph des in ihm schaffenden Geistes über den schon versagenden Körper. Aber in der Sekunde, da Roth den Bleistift faßte, um zu schreiben, endete jede Verwirrung; sofort begann in diesem undisziplinierten Menschen jene eherne Disziplin, wie sie nur der vollsinnige Künstler übt."

In den ersten anderthalb Exiljahren schrieb Roth nicht nur „Stationschef Fallmerayer", *Tarabas* und *Der Antichrist,* sondern auch die Novellen „Triumph der Schönheit", „Die Büste des Kaisers" und „Der Korallenhändler". Das letztgenannte Werk ist später als Anfangskapitel in die postum veröffentlichte Erzählung *Der Leviathan* (1940) eingegangen. Die anderen beiden Novellen wurden zuerst (1934) in französischer Übersetzung herausgebracht. Deutsche Fassungen erschienen 1935 im *Pariser Tageblatt* (an dem Roth seit dem Vorjahr mitarbeitete).

Stoff und Thematik der drei 1934 entstandenen Novellen sind grundverschieden. „Triumph der Schönheit" ist die misogynisch gestaltete Geschichte einer ehelichen Leidenschaft und Unterwerfung. Ein Frauenarzt erzählt, wie eine neurotisch veranlagte Patientin durch „Flucht in die Krankheit" ihren zur Selbstbeschuldigung neigenden Gatten unterjocht und schließlich zugrunde richtet. Es ist naheliegend, diese Novelle mit Roths jahrelang gestauten Ressentiments gegen seine geisteskranke Frau in Beziehung zu bringen (Bronsen). In „Die Büste des Kaisers" kommen die im Exil erstarkenden habsburgisch-monarchistischen Sympathien des Autors zum Ausdruck. Die Erzählung behandelt das Dilemma des ostgalizischen Grafen Franz Xaver Morstin, der als übernationaler Adliger durch die Zersplitterung Alt-Österreichs in Nationalstaaten seine Heimat verliert. Von der neuzeitlichen Vulgarität und Niedertracht angewidert, versucht er, der alten untergegangenen Monarchie die Treue zu bewahren. „Der Korallenhändler" (bzw. *Der Leviathan*) spielt im Milieu des Ostjudentums und handelt von Nissen Piczenik, den eine geheimnisvoll-untergründige Liebe zu den Korallen und ihrer Heimat, dem Ozean, in den Untergang lockt.

Im Exil ist Roths Erzählwerk weit weniger zeitbezogen als in den zwanziger Jahren, wo die zeitkritischen Romane dominieren. Dagegen befassen sich seine journalistischen Arbeiten von 1933 an fast ausschließlich mit dem Zeitgeschehen. Obwohl ihm mitunter Zweifel über die Wirkungsmöglichkeiten der aus Deutschland emigrierten Schriftsteller kamen, bestand Roth auf kompromißlosem Widerstand gegen das NS-Regime. Diese Haltung nahm er auch Freunden gegenüber ein. Stefan Zweig mahnte er im November 1933: „Sie müssen entweder mit dem III. Reich Schluß machen, oder mit mir. Sie können nicht irgendeine Beziehung zu einem Vertreter des III. Reiches haben – und das ist dort jeder Verleger – und zugleich zu mir. Ich mag es nicht.

Ich kann es nicht verantworten; nicht vor Ihnen, nicht vor mir." Benno Reifenberg, der sich im Dritten Reich zu halten suchte, wurde die Freundschaft aufgekündigt. So kam es auch zum Bruch mit der *Frankfurter Zeitung,* wiewohl das Blatt Roth ein ansehnliches Honorar für die fortgesetzte Mitarbeit geboten hatte. Seine Einstellung gab der Autor nachdrücklich im *Pariser Tageblatt* (12. XII. 1934) kund, als er die Antwort auf eine Rundfrage unter dem Titel „Unerbittlicher Kampf" erscheinen ließ: „Die Aufgabe des Dichters in unserer Zeit ist – um ihre Frage ganz präzise zu beantworten: der unerbittliche Kampf gegen Deutschland, denn dieses ist die wahre Heimat des Bösen in unserer Zeit, die Filiale der Hölle, der Aufenthalt des Antichrist."

Ende Mai 1934 verließ Roth Paris, um ein Jahr in Südfrankreich zu verbringen. Zu Beginn nahm er Quartier im Hotel Beauvau (Marseille). Nach sechs Wochen folgte er – aus Geldnot – einer Einladung nach Nizza. Dort bezog Roth mit Andrea Manga Bell (seiner Lebensgefährtin seit 1931) eine möblierte Etagenwohnung (121, Promenade des Anglais), welche ihm der im gleichen Haus wohnende Freund Hermann Kesten zur Verfügung gestellt hatte. Nun traf man sich hin und wieder mit den in der Nähe weilenden Bekannten und Kollegen: Heinrich Mann, René Schickele, Annette Kolb, Schalom Asch, Walter Hasenclever. Im Verlauf des Südfrankreichaufenthalts konnte Roth den Großteil seines Napoleonromans *Die Hundert Tage* zu Papier bringen.

Dieses Buch, das 1935 im Verlag Allert de Lange herauskam, ist zumeist mit Zurückhaltung aufgenommen worden. Daß sich der für Roth neuartige Stoff in der Bearbeitung als widerspenstig erwies, zeigt ein Brief, den der Autor während der Genese des Romans an René Schickele schrieb: „… ich bin ekelhaft bedrängt sogar beängstigt von meiner dummen Arbeit. Das ist das erste und das letzte Mal, daß ich etwas ‚Historisches' mache. Der Schlag soll es treffen. ... Es ist unwürdig, einfach unwürdig, festgelegte Ereignisse noch einmal formen zu wollen ..."

Die Handlung beginnt in Paris gleich nach der Flucht Ludwigs XVIII., als Napoleon, von den Massen bejubelt, aus Elba heimkehrt. Doch geht es hier nicht allein um die Wiederkunft des Kaisers, der als Liebling des Volkes binnen kürzester Frist abermals auf dem Höhepunkt seiner Macht steht; erzählt wird auch die kontrapunktisch eingefügte Lebensgeschichte der Korsin Angelina Pietri, eine einfache, unbekannte Wäscherin am Hofe, die den Kaiser abgöttisch verehrt. Beide gehen dem Untergang entgegen. Der Kaiser verliert sein Heer und seine Macht bei Waterloo, woraufhin sich der Geschlagene, allem weltlichen Streben entsagend, in englische Gefangenschaft begibt. Die Wäscherin, die selbst nach Napoleons Abdankung noch zu ihm hält und ihre Treue öffentlich bekundet, wird am Ende von einer königstreuen Menge gelyncht.

Das in diesem „historischen Roman" dargebotene Napoleonbild deckt sich nicht völlig mit dem der Geschichte. Dem Autor geht es nämlich um die „Privatisierung der Geschichte" (Bronsen). Doch zeigt er mehr als nur die menschlichen Schwächen Napoleons. Nach Waterloo wird aus dem hochmütigen Kaiser ein demütiger Mensch, der sich von seinem eigenen Mythos befreit und eine religiöse Wandlung durchmacht. „Ich bin mehr als ein Kaiser, ich bin ein Kaiser, der verzichtet. Ich halte ein Schwert in der Hand, und ich lasse es fallen. ... Ich halte ein Zepter, und ich wünsche mir ein Kreuz – ja, ich wünsche mir ein Kreuz!" So unterwirft Roth seinen Helden einem von der Geschichte abweichenden, „privat-legendären Schicksal" (Hackert).

Angelina Pietri fungiert als Napoleons Gegenfigur. Wird

der Kaiser zum Gottsucher, indem er sich von seinem Mythos befreit, so bleibt die Wäscherin diesem Mythos verhaftet; ja sie opfert zuletzt ihr Leben dafür. Mit Angelinas quasi mystischer Liebe für den Führer Frankreichs dürfte der Autor auf die Zeitgeschichte, auf die Beziehung zwischen dem deutschen Volk und seinem Führer, anspielen (Broerman). Daß die napoleonische Despotie in Roths Darstellung Parallelen zur Hitlerdiktatur aufweist, ist unverkennbar, zumal in der Paarung von Führermythos und Massenmanipulation: „Er [Napoleon] besaß die Würde der Gewalt. ... Er stammte aus einem unbekannten Geschlecht. ... Also ward er allen Namenlosen ebenso verwandt wie den Trägern altererbter Würden. Indem er sich selbst erhob, adelte, krönte, erhob er alle Namenlosen im gemeinen Volk, und also liebte es ihn. ... Sie liebten ihn, weil er ihresgleichen zu sein schien – und weil er dennoch größer war als sie. ... Er traute den Menschen nicht, bevor sie nicht bereit waren, für ihn zu sterben: also machte er aus ihnen Soldaten. Damit er ihrer Liebe sicher sei, lehrte er sie, ihm zu gehorchen."

Dennoch darf man *Die Hundert Tage* nicht als Schlüsselroman auslegen. Hier rückt der historische Kaiser schließlich in die Nähe Hiobs. Der geschlagene Despot wird zum Büßer, der sich läutert, indem er sein Schicksal als Sühne für begangene Fehler auf sich nimmt. Napoleon ist Roths eigenwillig gestaltetes, „frommes Gegenbild zu den Mächtigen seiner Zeit" (Hackert).

Allerdings bleibt der Roman im ganzen unter dem üblichen Niveau des Autors. Kleine Unstimmigkeiten haben sich eingeschlichen. Ferner sind einige Szenen etwas zu opernhaft ausgefallen. Ausgesprochen kitschig wirkt beispielsweise Napoleons letzter Abschied von seiner Mutter.

Im Sommer 1935 kehrte Roth aus Südfrankreich nach Paris zurück. Hier war mittlerweile die Zahl der Emigranten sprunghaft gestiegen. Unter ihnen grassierte – angesichts der aussichtslosen politischen Lage – eine Trost- und Ratlosigkeit, die sich rasch auf den sensiblen Schriftsteller übertrug. Daneben führten Roths chronische, nunmehr panische Geldsorgen zu ernstlichen Spannungen in seinem „Familienleben". Im Frühjahr 1936 kam es zu einer Trennung von Andrea Manga Bell. Ihre beiden heranwachsenden Kinder, deren Unterhaltskosten jetzt schwerer aufzubringen waren, trugen zum Teil die Schuld an dem Zerwürfnis.

Ab 1935 schrieb Roth, dessen Artikel seit der Emigration vorwiegend im *Neuen Tage-Buch* und im *Pariser Tageblatt* erschienen, auch für den *Christlichen Ständestaat*. Die Mitarbeit an dieser konservativen österreichischen Zeitschrift entsprach seiner eigenartigen, im Exil neuerwachten Austrophilie. Das Österreich, das ihm dabei vorschwebte, war mehr ein poetisches, ein nostalgisch erträumtes als ein wirkliches. Er identifizierte sich – realpolitischer Gegebenheiten ungeachtet – mit einem Monarchismus habsburgischer Prägung. Bereits im ersten Exiljahr schrieb er an Stefan Zweig: „Was mich persönlich betrifft: sehe ich mich genötigt, zu folge meinen Instinkten und meiner Überzeugung absoluter Monarchist zu werden. ... Ich liebe Österreich. Ich halte es für feige, jetzt nicht zu sagen, daß es Zeit ist, sich nach den Habsburgern zu sehnen. Ich will die Monarchie wieder haben und ich will es sagen." In engem Zusammenhang mit seinen monarchistischen Bestrebungen, welche zur Kontaktaufnahme mit den österreichischen Legitimisten und dem Thronanwärter Otto von Habsburg führten, stand Roths Hinwendung zum Katholizismus. Dem österreichischen Staat der dreißiger Jahre begegnete er jedoch nicht ohne Mißtrauen. Den Autor beunruhigte die durch die geographische Einengung hervorgerufene „schollenhafte" (und somit anschlußreife) Gesinnung im Lande. Dagegen nahm er im *Christlichen Ständestaat* (23. VI. 1935) Stellung: „Wir sind ... nicht ‚das kleine Alpenländchen‘, in dem zu leben wir gezwungen sind ... Wir sind nicht ‚der zweite deutsche Staat‘, sondern der erste, sozusagen: *der allererste deutsche und übernationale und christliche Staat!* Jene Leser aber, die einen österreichischen Schriftsteller meiner Art etwa für einen ‚Kritikaster‘ halten, sind in der Tat nicht Verteidiger des ersten universalen und katholischen deutschen Staates, sondern des ‚zweiten‘ und des ‚kleinen Alpenländchens‘. Es sind brave, wohlmeinende ‚Gau‘-Verteidiger. (Aus dem Stoff, aus dem sie gemacht sind, kann man unter Umständen auch ‚Gauleiter‘ machen.)" Einen ersten Schritt zum „Anschluß" – so Roths Fazit in „Anschluß im Film?" *(Das Neue Tage-Buch* – 23. II. 1935) – bildete ein in der Frühzeit der Schuschnigg-Regierung geschlossenes Filmabkommen mit dem Dritten Reich, das der NS-Propaganda in Österreich Vorschub leistete.

Als der Schriftsteller im März 1936 – ohne Andrea Manga Bell – von Paris nach Amsterdam fuhr und im Eden Hotel abstieg, brachte er einen nahezu vollendeten Roman, *Der Stammgast,* mit. Das Manuskript konnte er nach langwierigen Verhandlungen, die ihn – besonders jetzt, nach der Trennung von der Lebensgefährtin – seelisch und gesundheitlich aufrieben, beim Verlag Allert de Lange unterbringen. Dort veranstaltete man auch einen Vortragsabend für den Autor. Am 12. Juni 1936 sprach Roth über „Glauben und Fortschritt". Seine Rede war, wie er später erklärte, „eine katholisch-konservative Sache" und der Titel hätte eigentlich der „Aberglaube an den Fortschritt" heißen sollen.

Der Stammgast, der noch im Sommer 1936 erschien, hieß jetzt *Beichte eines Mörders, erzählt in einer Nacht.* Dieser wiederum hastig niedergeschriebene, etwas spröde wirkende Roman

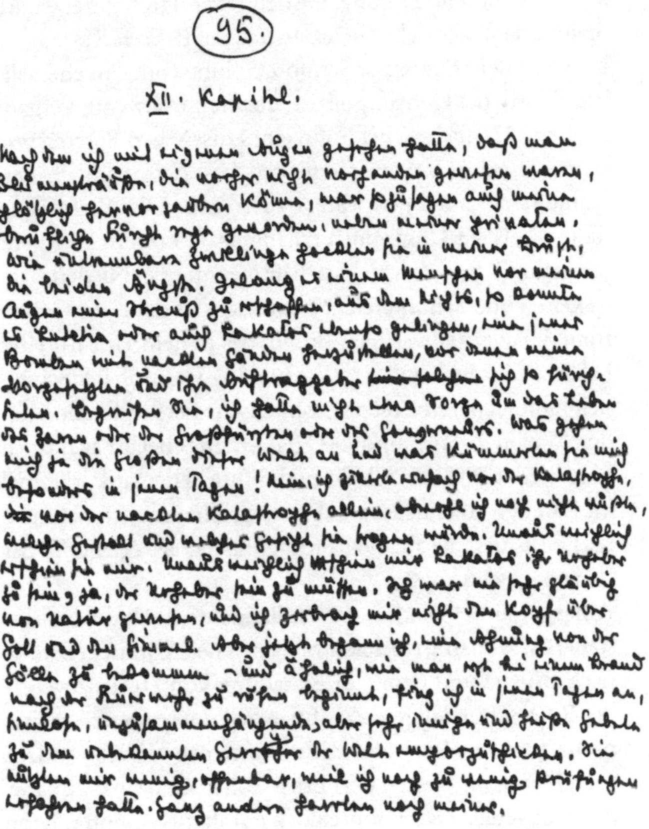

95.

XII. Kapitel.

Aus dem Manuskript von Joseph Roths Roman
Beichte eines Mörders

ist eine Rahmenerzählung, die den Leser durch die erzeugte Spannung zu fesseln sucht. In einem Pariser Restaurant berichtet der Stammgast Semjon Golubtschik, ein ehemaliger zaristischer Geheimpolizist, über seine bewegte Vergangenheit. Als unehelicher Sohn eines russischen Fürsten war er von einem einzigen Gedanken besessen, nämlich den Namen seines adligen Vaters zu tragen. Die Verfolgung dieses Ziels wird ihm zum Verhängnis. Er kommt als Agent zur Ochrana und verstrickt sich immer mehr in Niederträchtigkeiten und Schurkereien. Interessant ist dabei die Gestaltung des allgegenwärtigen Bösen, das in dem Ungarn Jenö Lakatos (der auch im *Leviathan* und in „Triumph der Schönheit" auftaucht) eine mephistophelische Personifikation findet. Wie in *Tarabas* und *Die Hundert Tage* befaßt sich Roth hier wieder mit der Schuld-und-Sühne-Thematik, diesmal im Rahmen einer dostojewskinahen, allerdings trivialliterarischen Fabel, die für den Protagonisten als „Tragödie der Banalität" ausklingt.

Anfang Juli 1936 endete der Hollandaufenthalt des Schriftstellers. Da man in Belgien billiger leben konnte, reiste er nach Brüssel und dann auf Einladung von Stefan Zweig – der Roth schon längere Zeit finanziell unterstützte – weiter nach Ostende. Hier traf er nicht nur seinen Mäzen, sondern auch Hermann Kesten und Ernst Toller. Ganz in der Nähe, in Bredene aan Zee, wohnte noch ein alter Bekannter, Egon Erwin Kisch. Durch ihn lernte Roth die sechsundzwanzigjährige Schriftstellerin Irmgard Keun kennen, die Deutschland 1935 verlassen hatte. Binnen kurzem wohnten die beiden zusammen im Hotel de la Couronne (Ostende). Ihre Lebensgemeinschaft dauerte anderthalb Jahre, bis Anfang 1938.

Während des mehrmonatigen Aufenthalts in dem belgischen Badeort widmete sich Roth nicht allein seinem Freundeskreis und seiner literarischen Tätigkeit; er besuchte auch Otto von Habsburg auf Schloß Steenokkerzeel bei Brüssel, dem Wohnsitz des österreichischen Thronprätendenten in den dreißiger Jahren. Meistens schrieb der Autor jedoch an einem in Holland begonnenen Buch, *Das falsche Gewicht*. Die Arbeit an *Erdbeeren*, dem 1935/36 in der Korrespondenz mehrfach erwähnten Roman seiner Kindheit, wurde nicht fortgesetzt. Der Stoff des Fragments ist teilweise in *Das falsche Gewicht – Die Geschichte eines Eichmeisters* eingegangen.

Dieser Roman wurde 1937 vollendet und vom Querido-Verlag herausgebracht. Schauplatz der Handlung ist das aus dem *Radetzkymarsch* bekannte östliche Grenzland der k. u. k. Monarchie. Für den hier neu eingesetzten, aus Mähren stammenden Eichmeister Anselm Eibenschütz ist es ein unwirtliches, ja tückisches Gebiet, das ihn mit der Zeit aus dem Gleichgewicht bringt. Vor seiner Ankunft im Osten hatte er zwölf Jahre als redlicher Unteroffizier bei der Armee gedient und war darin heimisch geworden. Doch das Drängen seiner Frau (Regina) bewog ihn, das Militär, seine „Heimat", zu verlassen. Den Übergang in den Zivildienst in dem entlegenen Bezirk Zlotogrod an der russischen Grenze empfindet er als Verbannung in die Fremde, in die (für Roth charakteristische) Heimatlosigkeit. In dieser Gegend, wo man Eibenschütz' soldatisch-rechtschaffene Ehrfurcht vor Obrigkeit und Gesetz nicht teilt, begegnen die unreellen Händler dem Eichmeister, der sein Amt gewissenhaft ausführt, mit Furcht und Haß. Bald gehen ihm anonyme Drohbriefe zu. Die feindselige Umwelt intensiviert seine Vereinsamung und führt zu häuslicher Entfremdung. Die Gattin betrügt Eibenschütz mit seinem Schreiber. Nach der Entdeckung des Ehebruchs macht der Eichmeister in der verrufenen Grenzschenke, die einem Gauner und Mörder

(Leibusch Jadlowker) gehört, die Bekanntschaft einer verführerischen Zigeunerin (Euphemia Nikitsch). Nun ändert sich sein Leben. Er verfällt immer mehr der Leidenschaft zu der Zigeunerin und dem Trinken. Mitten im Winter bricht die Cholera aus. Die Seuche fordert viele Todesopfer: Eibenschütz' Frau, ihr uneheliches Kind und zahllose andere Menschen im Bezirk. Der Eichmeister, der sich nach dem Tode sehnt, bleibt verschont; aber er findet sich nicht mehr zurecht. Zuletzt wird er von dem rachsüchtigen Jadlowker, der durch den Eichmeister eine Zeitlang im Zuchthaus gelandet war, erschlagen.

Das falsche Gewicht zeigt Roth – nach drei qualitativ schwächeren Romanen – erneut in seinem erzählerischen Element. Bestechend wirkt hier vor allem die Atmosphäre, die Gestaltung der seelischen wie der geographischen Landschaft. Die Verlorenheit der Gegend (insbesondere ihre Kultur- und Staatsferne) prägt das Leben an der Grenze. Hier sind falsche Gewichte gang und gäbe. Im wertentleerten Raum versagen die Kräfte der Ordnung, und gesetzmäßige Maßstäbe lassen sich nicht anlegen. So bricht das Chaos in Eibenschütz' Leben ein und richtet den Aufrechten zugrunde. Der obsiegende Widerpart des Eichmeisters ist eine Inkarnation des Bösen, Leibusch Jadlowker, der im Roman die Mentalität der Grenze veranschaulicht. „Nach der Meinung Jadlowkers hatte jeder Mensch nicht nur eine schwache, sondern auch eine verbrecherische Stelle. Er konnte überhaupt nicht glauben – und wie hätte er auch anders leben können! –, daß irgendein Mensch in der Welt anders dachte und empfand als er, Jadlowker. Er war überzeugt, daß alle Menschen, die ehrlich lebten, verlogen waren …"

Der Eichmeister, der sich zuletzt für einen verlorenen Menschen in einer verlorenen Welt hält, fragt verzweifelt: „Wer regiert eigentlich die Welt?" Diese Frage – in der Roths eigene Verzweiflung angesichts der Zeitereignisse mit anklingen mag – wird nicht unmittelbar beantwortet. Doch an einer Weltordnung wird festgehalten; denn schließlich sieht sich Eibenschütz in der Sterbestunde – ähnlich wie Pum in dem Roman *Die Rebellion* – vor den himmlischen Richter gestellt.

Gott, der in dieser Todesvision als der Große Eichmeister auftritt, erklärt dem Sterbenden: „Alle deine Gewichte sind falsch, und alle sind dennoch richtig. Wir werden dich also nicht anzeigen!" Dieser allzu vieldeutige Schuld- und Freispruch deutet auf eine zumindest fragwürdige Transzendenz, die sich der menschlichen Fassungskraft zu entziehen droht und auf Roths wachsende „metaphysische Trostlosigkeit" schließen läßt.

Zu Beginn des Jahres 1937 entschloß sich der Schriftsteller, die Einladung des PEN-Clubs zu einer Vortragsreise durch Polen anzunehmen. Zu dieser Tätigkeit, die ihm im Grunde zuwider war, zwang ihn wiederum seine Geldnot. So reiste er im Februar/März in Begleitung von Irmgard Keun von einer polnischen Stadt zur anderen und hielt den im Vorjahr für Amsterdam ausgearbeiteten Vortrag „Glauben und Fortschritt". In Lemberg hatte er Gelegenheit, Freunde und Verwandte – die meisten zum letzten Mal – wiederzusehen. Von Polen führte die Reise weiter nach Wien und Salzburg. Bei diesem (seinem vorletzten) Österreichbesuch traf er u.a. Soma Morgenstern, einen Freund aus der Studienzeit, der im Folgejahr als Emigrant mit Roth im gleichen Pariser Hotel wohnen sollte. Den Sommer verbrachte der Autor wieder in Belgien (Brüssel, Ostende). Doch im Herbst 1937 kehrte er endgültig nach Paris zurück. Nach dem Abriß „seines" dortigen Hotels (Foyot), dessen er in „Rast angesichts der Zerstörung" *(Das Neue Tage-Buch* – 25. VI. 1938) gedachte, zog Roth für ein paar Monate in das Hotel Paris-Dinard. Danach wohnte er bis zu seinem Tode im Hotel de la Poste (18, Rue de Tournon). In dem dazugehörigen Café Tournon wurde Roths Tisch, an dem er trank und schrieb, schrieb und trank, ein Sammelpunkt österreichischer und deutscher Emigranten.

Das Jahr 1938 brachte von Anfang an Krisen im privaten wie im politischen Bereich. Irmgard Keun, die Lebensgefährtin und Reisebegleiterin, verließ den Schriftsteller in Paris, weil sie mit seiner Eifersucht und mit seinem Alkoholismus nicht mehr fertig werden konnte. Dazu kam das am 12. Februar zwischen Hitler und Schuschnigg getroffene Berchtesgadener Abkommen, das Österreichs Anschluß an Nazi-Deutschland vorbereitete. Roth fuhr noch im selben Monat nach Wien, um im Auftrag der Legitimisten bei dem österreichischen Bundeskanzler vorzusprechen und ihn für einen Staatsstreich zur Rückkehr des Thronanwärters Otto von Habsburg zu gewinnen. Seine „Mission" blieb erfolglos. Am 14. März stand Hitler in Wien. Die Annexion Österreichs war ein Schlag, den Roth kaum noch verwinden konnte. „Eine Welt ist dahingeschieden," schrieb er in „Totenmesse" *(Das Neue Tage-Buch* – 19. III. 1938), „und die überlebende Welt gewährt der toten nicht einmal eine würdige Leichenfeier. Keine Messe und kein Kaddisch wird Österreich zugebilligt. ...‚Europa' scheint bis jetzt lediglich begriffen zu haben, daß ein kleines Land von einem großen unterjocht worden ist. ‚Europa' hat kaum eine Ahnung davon, daß hier eine ganze große Welt, konzentriert (und also von zehnfacher Spannkraft) in einem kleinen Raum und in einer Handvoll Menschen, von einem hohlen, aber wuchtigen Ungetüm einfach zertreten worden ist."

In äußerster Verzweiflung beteiligte sich Roth nun an Pariser Protestkundgebungen gegen den „Anschluß" und an Hilfsaktionen für österreichische Flüchtlinge. Er setzte sich tatkräftig für die „Entre-aide Autrichienne" ein, eine Organisation, die den Neuankömmlingen bei der Beschaffung von Aufenthaltsgenehmigungen und Unterkünften behilflich war. Er wurde außerdem (neben Franz Werfel und Emil Alphons Rheinhardt) zum Vizepräsidenten der „Liga für das Geistige Österreich" gewählt. Dieser Verband war bestrebt, das österreichische Kulturerbe, trotz Fremdherrschaft im Lande, wach zu erhalten.

Österreich lieferte auch das Milieu der zwei letzten Romane Roths: *Die Kapuzinergruft* (1938) und *Die Geschichte von der 1002. Nacht* (1939). Von diesen Werken, die beide im Verlag De Gemeenschap (Bilthoven) erschienen, ist das letztveröffentlichte übrigens zuerst entstanden. Spielt *Die Geschichte von der 1002. Nacht* im Österreich des neunzehnten Jahrhunderts, so erstreckt sich der Handlungsablauf in *Die Kapuzinergruft* ausnahmsweise bis in die Gegenwart, d.h. bis zur Annexion Österreichs.

Die Kapuzinergruft ist eine Art Fortsetzung des *Radetzkymarsch*. Der aus einer bürgerlichen Seitenlinie der Familie Trotta stammende Franz Ferdinand – sein Großvater war der Bruder des Solferinohelden – erlebt in der Zeit von 1913 bis 1938 den Niedergang und das Ende der österreichischen Nation. Die Stationen seines Lebens, die sich in lose aneinandergereihten Episoden abzeichnen, zeigen ihn als Repräsentanten der gelangweilt-stagnierenden Jeunesse dorée in der Vorkriegszeit, als Leutnant im Ersten Weltkrieg, dann in russischer Kriegsgefangenschaft und schließlich als Heimkehrer, der sich in der Nachkriegswelt nicht mehr zurechtfindet. Hier wird an die zeitkritische Thematik von Roths Frühwerk angeknüpft. Auch in Franz Ferdinands unglücklicher Ehe mit einer lesbisch veranlagten Frau, die ihn zuletzt verläßt, um dem Ruf zum Film zu folgen, wiederholt sich mutatis mutandis Arnold Zippers freudlose Erfahrung mit seiner Frau. Die Desintegration in Trottas Leben wird unaufhaltsam nach dem Tod seiner Mutter, die noch einen letzten Rest der Vorkriegsordnung darstellte. Am Ende bleibt nur – ähnlich wie bei Franz Tunda – eine radikale Vereinsamung. Die Nachricht vom Anschluß Österreichs an Deutschland erreicht Franz Ferdinand im Kaffeehaus, in seiner zweiten Heimat, aus der er dann bezeichnenderweise vertrieben wird. Hilf- und ratlos fragt er schließlich: „Wohin soll ich, ich jetzt, ein Trotta? ..."

An diesem Roman, der stellenweise chaotisch und fragmentarisch wirkt, ist öfter das Technische bemängelt worden. Diese Kritik mag zum Teil zutreffen. Doch bleibt zu beachten, daß *Die Kapuzinergruft* – im Gegensatz zum *Radetzkymarsch* – eine Ich-Erzählung ist. Der literarische Dilettantismus des Romans ist gewollt; denn darin spiegelt sich der Erzähler, Franz Ferdinand Trotta, der dilettantisch lebt und schreibt.

Mit dem anderen Österreichroman aus der letzten Schaffenszeit, *Die Geschichte von der 1002. Nacht,* erreichte Roth nochmals den Gipfel seines erzählerischen Könnens. Im Mittelpunkt der verwickelten Handlung steht der weltmännische, doch geistes- und lebensträge Rittmeister Baron Taittinger. Zu seinem Verdruß sind ihm seine Liebesbemühungen um die seinerzeit noch unverheiratete Gräfin W. wegen mangelnder Ausdauer fehlgeschlagen; aber er tröstet sich schnell mit Mizzi Schinagl, einem süßen Mädel aus dem Volke, das der Gräfin zum Verwechseln ähnlich sieht. Nur landet Mizzi, nachdem sie dem Baron einen unehelichen Sohn geboren hat, im Freudenhaus.

Das ist die Vorgeschichte, als der Schah von Persien beim österreichischen Kaiser in Wien eintrifft. Mit diesem morgenländisch-märchenhaften Staatsbesuch, der den Rahmen der Erzählung abgibt, wendet sich Taittingers Schicksal. Der Rittmeister bewerkstelligt nämlich (mit Beihilfe der Hofbeamten), daß dem Schah die Prostituierte Schinagl – anstelle der von ihm begehrten Gräfin W. – für eine Nacht zugeführt (bzw. unterschoben) wird. Die skandalöse, gleichsam staatlich sanktionierte Kuppelei ist das erste Glied einer fatalen Kette von immer mißlicheren Umständen, die Taittinger schließlich in den Tod treiben. Durch den Schah, der die Liebesnacht mit einer Märchengabe von kostbaren Perlen hat abgelten lassen, kommt die Dirne unvermittelt zu Reichtum, der sie von der Prostitution befreit. Danach wird die einfältig-leichtsinnige Mizzi jedoch von einem durchtriebenen Geliebten in eine Gaunerei verwickelt, die ihr eine Gefängnisstrafe einbringt. Vergebens sucht Taittinger die ganze peinliche Episode zu verdrängen. Sie taucht überall und immer wieder von neuem auf. Zuletzt entdeckt ein im trüben fischender Journalist die Affäre und verfertigt daraus für seine Zeitung eine reißerische Artikelserie („Die Perlen von Teheran – Hinter den Kulissen der großen Welt und der Halbwelt"), die gleichzeitig für die skandalsüchtigen Massen als Heftchenreihe vertrieben wird. Nun ist Taittingers Offizierslaufbahn dahin und wenig später auch sein Leben. Zwar erlebt er noch, wie die inzwischen aus der Haft entlassene Mizzi in einem Praterspektakel als Herrscherin des persischen Harems auftritt. Dann löst der zweite Österreichbesuch des Schahs, womit der Rahmen der Erzählung geschlossen wird, den Selbstmord des Barons aus.

Meisterhaft an dieser Dekadenzdichtung, die an Jung-Wien erinnert, ist die Gestaltung der dämmerigen, schnitzlernahen Seelenlandschaft neben dem bunten gesellschaftlichen Scheherezadenreigen, hinter dem sich die habsburgische Hauptstadt in ihrer reizvoll-leuchtenden Pracht wie in ihrer schmutzig-vulgären Öde abzeichnet. In formaler Gedrängtheit kommt hier die mit Ironie durchsetzte Fabulierfreude des Autors zum Zuge. Besonders fesselnd ist die

Darstellung des modernen Fatums, dessen Fangnetze (die den ahnungslosen Taittinger, Übeltäter und Opfer zugleich, so unerbittlich umgarnen) im nichtigen Alltagsleben geknüpft werden. Dem oberflächlichen Baron und der naiven Mizzi, die sein weibliches Gegenstück darstellt, bleiben die unbewußten Regungen und die äußeren Zusammenhänge, die ihr Schicksal bestimmen, völlig verschlossen. Bündig beurteilt ein Offizier am Ende den Selbstmord Taittingers: „Ich glaub', er hat sich verirrt im Leben. Derlei gibt's manchmal. Man verirrt sich halt!"

In seinem letzten Lebensjahr (1938-39) schrieb Roth – bei zunehmenden körperlichen Beschwerden (insbesondere Leber- und Magenleiden) – noch eine Novelle, *Die Legende vom heiligen Trinker,* und einen großen Essay über den französischen Staatsmann Georges Clemenceau. Die meiste Zeit widmete er jedoch den journalistischen Arbeiten, die weiterhin im *Neuen Tage-Buch,* jetzt aber auch in der *Pariser Tageszeitung* und in der legitimistischen Exilzeitschrift *Die Österreichische Post* erschienen. Ein Großteil der Artikel wurde durch das Zeitgeschehen angeregt. Sehr häufig kommt das Thema Österreich zur Sprache, handle es sich nun um eine Buchbesprechung *(„Dreimal Österreich"* – 22.I.1938), um eine Abrechnung mit Seyß-Inquart („Brief an einen Statthalter" – 26.III.1938), um einen Nachruf auf einen verunglückten österreichischen Schriftsteller („Ödön von Horváths Tod" – 3.VI.1938), um die Würdigung eines lebenden österreichischen Dichters („E. A. Rheinhardt" – 11.III.1939) oder um politische Polemik („Der Fall Österreichs" – 17.I.1939, „Die Hinrichtung Österreichs" – 11.III.1939). Was Roths Gedankengänge in den letzten Monaten angeht, so ist auch sein „Schwarz-Gelbes Tagebuch" *(Österreichische Post* – 15.II.-1.V. 1939) aufschlußreich. Hier findet neben der Huldigung an den Geist Österreichs u.a. der leidenschaftliche Haß gegen

Hitler Ausdruck. In „Wiegenfest" wünscht der Autor dem Nazi-Diktator zum fünfzigsten Geburtstag einen baldigen, aber natürlichen Tod. Roths letzter (am 22.V.1939 entstandener) Artikel, „Die Eiche Goethes in Buchenwald", berichtet über eine Ironie der Geschichte. Eine Eiche, unter der sich Goethe und Frau von Stein zu treffen pflegten, wurde wegen des Naturschutzgesetzes ausgerechnet auf dem Gelände des Konzentrationslagers Buchenwald stehengelassen.

Im Exil war Roths geldliche und seelische Not mit der Zeit zu einer Dauerkrise geworden. Etwa ein Jahr vor seinem Tod schrieb er: „Hier sitze ich am Wanderstab. Die Füße sind wund, das Herz ist müde, die Augen sind trocken. Das Elend hockt sich neben mich, wird immer sanfter und größer, der Schmerz bleibt stehen, wird gewaltig und gütig, der Schrecken schmettert heran und kann nicht mehr schrecken." In diesem Zustand konnte er zuletzt keinen Schock mehr verwinden. Als ihn die Nachricht von Ernst Tollers Selbstmord erreichte, brach Roth im Café Tournon zusammen. Am 23. Mai wurde er in das Pariser Hôpital Necker eingeliefert. Im Krankenhaus stellte sich bei ihm neben Delirium tremens eine Lungenentzündung ein. Am 27. Mai 1939 starb er. Die Beisetzung fand am 30. Mai unter starker Beteiligung der vielen Freunde auf dem Cimetière Thiais (südöstlich von Paris) statt.

Die Veröffentlichung seines spätesten Erzählwerkes erlebte Roth nicht mehr. Die skurrile, heiter-melancholische *Legende vom heiligen Trinker* (1939) – worin der Dichter das eigene Schicksal teils persifliert, teils sublimiert – schildert die letzten drei Wochen im Leben eines mittel- und obdachlosen, dem Trunk verfallenen Clochards (Andreas Kartak), der in einer Reihe von „Wundern" gleichsam wiedergeboren und, trotz wiederholter Rückfälle, der Gnade teilhaftig wird. Am

Ende bricht der unverbesserliche Trinker in einem Bistro zusammen und stirbt in Gegenwart eines jungen Mädchens, das er in seiner alkoholischen Euphorie für die heilige Therese von Lisieux hält. Dann endet die ironisierend auf den Legendenton abgestimmte Erzählung mit dem Wunsch, der fast ein Gebet ist: „Gebe Gott uns allen, uns Trinkern, einen so leichten und so schönen Tod!" Auch Joseph Roth, dem Verfasser, war ein Trinkertod beschieden; leicht und schön war er allerdings nicht.

Fazit

Joseph Roth war „Trinker und Poet dazu" (Wapnewski).
Joseph Roth war „Filou und Poet dazu" (Reich-Ranicki).
Joseph Roth war ein „Maskenspieler" (Kesten) und
„Mythomane" (Bronsen). Man sah in ihm einen Sozialisten
und einen Monarchisten, einen Juden und einen Katholi-
ken, einen scharfsichtigen Reporter und einen poetischen
Träumer. Die Literaturkritik ordnete sein Werk anfangs der
Neuen Sachlichkeit, dann einer rückwärts gewandten
Romantik zu. Für andere wiederum war Joseph Roth ein
„Wanderer zwischen drei Welten, von der Judenstadt
[Brody] zur Kaiserstadt [Wien] ... zur Lichterstadt [Paris] ...
ein hochbegnadeter, hochverfluchter Poet, niemals und nir-
gends in dieser Erde zuhause" (Forst de Battaglia). Mögen
Etikettierungen dieser Art sein Wesen und Werk zum Teil
erfassen, so läßt sich dennoch seine Vielseitigkeit (bzw.
Widersprüchlichkeit) nicht auf einen Nenner bringen. Am
wenigsten ist ihm mit ideologischen Kategorien beizu-
kommen. Roth, vor dessen veränderlicher Haltung im per-
sönlichen, politischen wie literarischen Bereich die gängigen
Begriffe versagen, hat es dadurch seinen Kritikern leicht, seinen Bewunderern aber schwer gemacht (Schweikert).
Über ein Verdienst dieses „filigranen Autors" (Raddatz)
herrscht weitgehend Übereinstimmung. Er war ein „Hüter
und Mehrer der deutschen Sprache" (Kesten), der die
„reinste deutsche Prosa in der ersten Hälfte des zwanzigsten
Jahrhunderts" (Wapnewski) schrieb. Nur ist es schwierig,

die „ebenso unauffälligen wie unvergleichlichen Schönheiten seiner Prosa – ihren Charme und ihre Eleganz, ihren Rhythmus und ihre Melodie" (Reich-Ranicki) zu definieren, ohne sie zu erdrücken.

Seine Bedeutung liegt aber nicht nur in seiner glänzenden Stilistik, in seiner jüdisch-österreichisch gewetzten und gewitzten Sprache. Roth, bei dem sich Journalistik und Erzählkunst gegenseitig förderten, schuf ein einzigartiges episches Universum (Strelka), das aus Phantasie und Wirklichkeit, aus historischer Faktizität und dichterischer Imagination, aber auch aus der Vielfalt seiner inneren Spannungen erstand. Die Rothsche Erzähl- und Reportagewelt dehnt sich weit über die Donaumonarchie, ihr Zentrum, hinaus. Sie reicht von Sibirien bis Amerika, von Moskau bis Marseille. Sie reicht vom Adel bis zum Bauerntum, aber auch ins Unendliche des tiefsten Unbewußten.

Quellen und Literatur

Primärliteratur:

Joseph Roth: *Werke,* erw. Neuausgabe, hrsg. u. eingel. von Hermann Kesten, 4 Bde., Köln 1975-76.

Ders.: *Der Neue Tag. Unbekannte politische Arbeiten 1919 bis 1927. Wien, Berlin, Moskau,* hrsg. von Ingeborg Sültemeyer, Köln, Berlin 1970. (Enthält zahlreiche Texte, die in der Werkausgabe fehlen).

Ders.: *Perlefter. Die Geschichte eines Bürgers.* Fragment eines Romans aus dem Berliner Nachlaß, hrsg. von Friedemann Berger, Köln 1978.

Ders.: „L'Auto-da-fé de l'Esprit/Das Autodafé des Geistes", in: *Joseph Roth* (= Kleine Schriften der Deutschen Bibliothek, Nr. 5), Frankfurt/Main 1979, S. 25-67.

Ders.: *Briefe 1911-1939,* hrsg. u. eingel. von Hermann Kesten, Köln, Berlin 1970.

Zur Biographie Roths finden sich die ausführlichsten Angaben in:

Bronsen, David: *Joseph Roth. Eine Biographie,* Köln 1974.

Weitere Sekundärliteratur (in Auswahl), die für die Charakterisierung von Leben und Werk benutzt wurde:

Böning, Hansjürgen: *Joseph Roths „Radetzkymarsch". Thematik, Struktur, Sprache,* München 1968.

Broerman, Bruce M.: „Joseph Roth's *Die Hundert Tage:* A New Perspective", *Modern Austrian Literature* 11, 2 (1978), S. 35-50.

Browning, Barton W.: „Joseph Roth's *Legende vom heiligen Trinker:* Essence and Elixir", in: *Protest–Form–Tradition,* hrsg. von Joseph P. Strelka u.a., University, Alabama 1979, S. 81-95.

Famira-Parcsetich, Helmut: *Die Erzählsituation in den Romanen Joseph Roths,* Bern, Frankfurt/Main 1971.

Hackert, Fritz: *Kulturpessimismus und Erzählform. Studien zu Joseph Roths Leben und Werk,* Bern 1967.

Juergens, Thorsten: *Gesellschaftskritische Aspekte in Joseph Roths Romanen,* Leiden 1977.

Kesten, Hermann: „Joseph Roth", in: H. K.: *Meine Freunde die Poeten,* München 1959, S. 269-298.

Kurer, Alfred: *Josef [sic] Roths „Radetzkymarsch".* Interpretation, Zürich 1968.

Magris, Claudio: *Weit von wo. Verlorene Welt des Ostjudentums,* übers. aus dem Italienischen von Jutta Prasse, Wien 1974.

Marchand, Wolf R.: *Joseph Roth und völkisch-nationalistische Wertbegriffe,* Bonn 1974.

Raddatz, Fritz J.: „Eine in Häßlichkeit ertrinkende Welt – Joseph Roth", in: F. J. R.: *Eros und Tod,* Hamburg 1980, S. 223-235.

Reich-Ranicki, Marcel: „Joseph Roths Flucht ins Märchen", in: M. R.-R.: *Nachprüfung,* München, Zürich 1977, S. 202-228.

Scheible, Hartmut: *Joseph Roth. Mit einem Essay über Gustave Flaubert,* Stuttgart, Berlin, Köln, Mainz 1971.

Sieg, Werner: *Zwischen Anarchismus und Fiktion. Eine Untersuchung zum Werk von Joseph Roth,* Bonn 1974.

Sültemeyer, Ingeborg: *Das Frühwerk Joseph Roths, 1915-1926. Studien und Texte,* Wien, Freiburg, Basel 1976. (Enthält zahlreiche Texte, die in der Werkausgabe fehlen).

Wapnewski, Peter: „Hiob. Leben und Werk des Joseph Roth", in: P. W.: *Zumutungen,* Düsseldorf 1979, S. 140-162.

Weber, Albrecht: *Joseph Roth: „Das falsche Gewicht"* (= Interpretationen zum Deutschunterricht), München 1968.

Zweig, Stefan: „Joseph Roth", in: St. Z.: *Europäisches Erbe,* hrsg. von R. Friedenthal, Frankfurt/Main 1960, S. 251-264.

Joseph Roth (= Text + Kritik Sonderband), hrsg. von Heinz Ludwig Arnold, München 1974. (Enthält Beiträge von Uwe Schweikert, Sonja Sasse u. a.).

Joseph Roth und die Tradition, hrsg. u. eingel. von David Bronsen, Darmstadt 1975. (Enthält Beiträge von Józef Wittlin, Benno Reifenberg, Irmgard Keun, Soma Morgenstern, Otto Forst de Battaglia, Adolf D. Klarmann, Werner G. Hoffmeister, Sidney Rosenfeld, Joseph Strelka, Frank Trommler, Roman S. Struc u. a.).

Joseph Roth, 1894-1939. Eine Ausstellung der Deutschen Bibliothek Frankfurt am Main, 2., verb. Auflage, Katalog: Brita Eckert u. Werner Berthold (= Sonderveröffentlichungen der Deutschen Bibliothek, Nr. 7), Frankfurt/Main 1979. (Zitiert als *Roth-Ausstellung* – Enthält Texte, die in der Werkausgabe fehlen).

Zeittafel

1894 Moses Joseph Roth am 2. September im österreichischen Brody (Galizien) geboren.

1901-1905 Besuch der jüdischen Baron-Hirsch-Schule in Brody.

1905-1913 Besuch des k. k. Kronprinz-Rudolf-Gymnasiums in Brody.

1914-1916 Studium der Germanistik an der Universität Wien. Freundschaft mit Józef Wittlin.

1915-1918 Erste Veröffentlichungen in Zeitungen.

1916-1918 Militärdienst – zuerst in Wien, dann in Galizien.

1919-1920 Erste feste Anstellung als Journalist bei der Wiener Tageszeitung *Der Neue Tag*. Darin u.a. „Reise durchs Heanzenland" (erster Reisebericht).

1920 Übersiedlung nach Berlin. Journalistische Beiträge u.a. in *Neue Berliner Zeitung – 12-Uhr-Blatt* (bis 1926).

1921 Beiträge im *Berliner Börsen-Courier* (bis 1923).

1922 5. März: Eheschließung mit Friederike (Friedl) Reichler. Beiträge im *Vorwärts* (bis 1924).

1923 Januar: Mitarbeit an der *Frankfurter Zeitung* (bis 1932). Juni: Übersiedlung nach Wien, dann nach Prag. Beiträge in Wiener Zeitungen und im *Prager Tagblatt* (bis 1933). Erster Roman, *Das Spinnennetz*, in der *Wiener Arbeiter-Zeitung*. Gegen Ende des Jahres: Rückkehr nach Berlin.

1924 Beiträge in *Lachen links*. „Reise durch Galizien" in der *Frankfurter Zeitung*. Romane: *Hotel Savoy, Die Rebellion*.

1925 Frühjahr: Übersiedlung nach Paris. Freundschaft mit Benno Reifenberg. Spätsommer: Reise durch Südfrankreich. Reiseberichte in der *Frankfurter Zeitung:* „In Deutschland unterwegs", „Im mittäglichen Frankreich". Entstehung des Reisebuchs *Die weißen Städte* (postum veröffentlicht). Erzählungen: *April, Der blinde Spiegel*.

1926 Reportagereise durch die Sowjetunion. Artikelserie „Reise in Rußland" in der *Frankfurter Zeitung*.

1927 Reportagereisen durch Albanien und durch das Saargebiet. Erster Kontakt mit Stefan Zweig. Artikelserien „Reise nach Albanien" und „Briefe aus Deutschland" in der *Frankfurter Zeitung.* Essayband: *Juden auf Wanderschaft.* Roman: *Die Flucht ohne Ende.*

1928 Frühjahr: Friederike Roth erkrankt unheilbar an Schizophrenie. Reportagereisen durch Polen und Italien. Artikelserien „Briefe aus Polen" und „Das vierte Italien" in der *Frankfurter Zeitung.* Roman: *Zipper und sein Vater.*

1929 Bruch mit der *Frankfurter Zeitung.* Vorübergehend Mitarbeit an den *Münchner Neuesten Nachrichten.* Erste Begegnung mit Andrea Manga Bell. Romane: *Rechts und Links, Der stumme Prophet* (Teildruck).

1930 Rückkehr zur *Frankfurter Zeitung. Hiob – Roman eines einfachen Mannes. Panoptikum – Gestalten und Kulissen* (Feuilleton-Anthologie).

1931 Zusammenleben mit Andrea Manga Bell (bis 1936). Artikelserie „Kleine Reise" in der *Kölnischen Zeitung.*

1932 Roman: *Radetzkymarsch.*

1933-1939 Im Exil.

1933 Emigration nach Paris. Mitarbeit an der Exilzeitschrift *Das Neue Tage-Buch* (bis 1939). Erzählung: „Stationschef Fallmerayer".

1934 Aufenthalt in Marseille und Nizza (bis 1935). Mitarbeit am *Pariser Tageblatt.* Essayband: *Der Antichrist.* Erzählungen (zuerst in frz. Übers.): „La triomphe de la beauté", „Le buste de l'empereur" und „Der Korallenhändler" (= Anfangskapitel des *Leviathan* – postum 1940). Roman: *Tarabas – Ein Gast auf dieser Erde.*

1935 Rückkehr nach Paris. Journalistische Beiträge in *Der Christliche Ständestaat* (bis 1938). Roman: *Die Hundert Tage.*

1936 Aufenthalt in Amsterdam und Ostende. Verbindung mit Irmgard Keun (bis 1938). Roman: *Beichte eines Mörders, erzählt in einer Nacht.*

1937 Vortragsreise in Polen. Herbst: Endgültige Rückkehr nach Paris. Roman: *Das falsche Gewicht.*

1938 Februar: Letzter Besuch in Wien (im Auftrag der österreichischen Legitimisten). Mitarbeit an der *Pariser Tageszeitung.* Roman: *Die Kapuzinergruft.*

1939 Beiträge in der Exilzeitschrift *Die Österreichische Post.* 27. Mai: Tod im Pariser Hôpital Necker (Delirium tremens, Lungenentzündung). Roman: *Die Geschichte von der 1002. Nacht.* Erzählung: *Die Legende vom heiligen Trinker.*

Inhalt

KÖPFE DES XX · JAHRHUNDERTS

COLLOQUIUM VERLAG BERLIN